LES BURGRAVES

TRILOGIE

PAR

VICTOR-HUGO

Deuxième Édition.

PARIS.
E. MICHAUD, ÉDITEUR,
BOULEVARD SAINT-MARTIN, 2;
Et au siège de la Société pour l'exploitation des Œuvres de Victor Hugo, chez Duriez et Cⁱᵉ
RUE MONSIEUR-LE-PRINCE, 49.

1843

ACTE IV.

SCÈNE PREMIÈRE.

LE MARQUIS (*seul*).

Non, je ne perdrai point cette gageure.
Amoureux! moi! quel conte! ah! je m'assure
Que sur soi-même on garde un plein pouvoir;
Pour être sage, on n'a qu'à le vouloir.
Il est bien vrai qu'Acanthe est assez belle....
Et de la grâce! ah! nul n'en a plus qu'elle....
Et de l'esprit!.... quoi! dans le fond des bois,
Pour avoir vu Dormène quelquefois,
Que de progrès! qu'il faut peu de culture
Pour seconder les dons de la nature!

(*Il se relève.*)
Qui se croit sage, ô ciel! est un grand fou.
Achevous donc.... Je me vaincrai sans doute.
(*Il finit sa lettre.*)
Holà! quelqu'un.... Je sais bien qu'il en coûte.

SCÈNE II.

LE MARQUIS, UN DOMESTIQUE.

LE MARQUIS.
Tenez, portez cette lettre à l'instant.

LE DOMESTIQUE.
Où?

LE MARQUIS.
Chez Acanthe.

LE DOMESTIQUE.
Acanthe? mais vraiment...

LE MARQUIS.
Je n'ai point dit Acanthe; c'est Dormène
À qui j'écris.... on a bien de la peine
Avec ses gens.... tout le monde en ces lieux
Parle d'Acanthe; et l'oreille et les yeux
Sont remplis d'elle, et brouillent ma mémoire.

SCÈNE III.

LE MARQUIS, DIGNANT, BERTHE, MATHURIN.

MATHURIN.
Ah! voici bien, pardienne, une autre histoire!

LE MARQUIS.
Quoi?

MATHURIN.
Pour le coup c'est le droit du seigneur;
Qu'on m'a volé ma femme.

BERTHE.
Oui, votre honneur

LES BURGRAVES.

OEUVRES DE VICTOR HUGO.

TREIZIÈME SIÈCLE.

Allemagne. — LES BURGRAVES.

QUINZIÈME SIÈCLE.

France. — NOTRE-DAME DE PARIS.

SEIZIÈME SIÈCLE.

France. — LE ROI S'AMUSE.

Espagne. — HERNANI.

Italie. — { LUCRÈCE BORGIA.
{ ANGELO, TYRAN DE PADOUE.

Angleterre. — MARIE TUDOR.

DIX-SEPTIÈME SIÈCLE.

France. — MARION DE LORME.

Espagne. — RUY BLAS.

Angleterre. — CROMWELL.

Norwége. — HAN D'ISLANDE.

DIX-HUITIÈME SIÈCLE.

France. — BUG-JARGAL.

DIX-NEUVIÈME SIÈCLE.

ODES ET BALLADES. — LES ORIENTALES. — LES FEUILLES D'AUTOMNE. — LES CHANTS DU CRÉPUSCULE. — LES VOIX INTÉRIEURES. — LES RAYONS ET LES OMBRES. — LE DERNIER JOUR D'UN CONDAMNÉ. — CLAUDE GUEUX. — LITTÉRATURE ET PHILOSOPHIE MÊLÉES. — LE RETOUR DE L'EMPEREUR. — LE RHIN.

PARIS. IMPRIMÉ PAR BÉTHUNE ET PLON.

LES
BURGRAVES,

TRILOGIE;

PAR

VICTOR HUGO.

Deuxième Édition.

PARIS.

E. MICHAUD, ÉDITEUR,
BOULEVARD SAINT-MARTIN, 2;

Et au siége de la Société pour l'exploitation des Œuvres de Victor Hugo, chez Duriez et Cie,
RUE MONSIEUR-LE-PRINCE, 49.

1843

Au temps d'Eschyle, la Thessalie était un lieu
sinistre. Il y avait eu là autrefois des géants ; il y
avait là maintenant des fantômes. Le voyageur qui
se hasardait au delà de Delphes et qui franchis-
sait les forêts vertigineuses du mont Cnémis,

croyait voir partout, la nuit venue, s'ouvrir et flamboyer l'œil des cyclopes ensevelis dans les marais du Sperchius. Les trois mille océanides éplorées lui apparaissaient en foule dans les nuées au-dessus du Pinde ; dans les cent vallées de l'OEta il retrouvait l'empreinte profonde et les coudes horribles des cent bras des hécatonchires tombés jadis sur ces rochers ; il contemplait avec une stupeur religieuse la trace des ongles crispés d'Encelade sur le flanc du Pélion. Il n'apercevait pas à l'horizon l'immense Prométhée couché, comme une montagne sur une montagne, sur des sommets entourés de tempêtes, car les dieux avaient rendu Prométhée invisible ; mais à travers les branchages des vieux chênes, les gémissements du colosse arrivaient jusqu'à lui, passant ; et il entendait par intervalles le monstrueux vautour essuyer son bec d'airain aux granits sonores du mont Othrys. Par moments, un grondement de tonnerre sortait du mont Olympe, et dans ces instants-là le voyageur épouvanté voyait se soulever au nord, dans les déchirures des monts Cambuniens, la tête difforme du géant Hadès, dieu des ténèbres intérieures; à l'orient, au delà du mont Ossa, il entendait mugir Céto, la femme-baleine; et à l'occident, par-dessus le mont Callidrome, à travers la mer des Alcyons, un vent lointain, venu de la Sicile, lui apportait l'aboiement vivant et terrible du gouffre Scylla. Les géologues ne voient aujourd'hui dans la Thessalie bouleversée que la secousse d'un tremblement de terre et le passage des eaux diluviennes; mais pour Eschyle et ses contemporains ces plaines ravagées, ces forêts déracinées, ces blocs arrachés et rompus, ces lacs changés en marais, ces montagnes renversées et devenues informes, c'était quelque chose de plus formidable encore qu'une terre dévastée par un déluge ou remuée par les volcans; c'était l'effrayant champ de bataille où les titans avaient lutté contre Jupiter.

a.

Ce que la fable a inventé, l'histoire le reproduit parfois. La fiction et la réalité surprennent quelquefois notre esprit par les parallélismes singuliers qu'il leur découvre. Ainsi, — pourvu néanmoins qu'on ne cherche pas dans des pays et dans des faits qui appartiennent à l'histoire, ces impressions surnaturelles, ces grossissements chimériques que l'œil des visionnaires prête aux faits purement mythologiques ; en admettant le conte et la légende, mais en conservant le fond de réalité humaine qui manque aux gigantesques machines de la fable antique, — il y a aujourd'hui en Europe un lieu qui, toute proportion gardée, est pour nous, au point de vue poétique, ce qu'était la Thessalie pour Eschyle, c'est-à-dire un champ de bataille mémorable et prodigieux. On devine que nous voulons parler des bords du Rhin. Là, en effet, comme en Thessalie, tout est foudroyé, désolé, arraché, détruit ; tout porte l'empreinte d'une guerre profonde, acharnée, implacable. Pas un

rocher qui ne soit une forteresse, pas une forte-
resse qui ne soit une ruine ; l'extermination a
passé là ; mais cette extermination est tellement
grande qu'on sent que le combat a dû être colos-
sal. Là, en effet, il a six siècles, d'autres titans
ont lutté contre un autre Jupiter : ces titans, ce
sont les burgraves ; ce Jupiter, c'est l'empereur
d'Allemagne.

Celui qui écrit ces lignes, — et qu'on lui par-
donne d'expliquer ici sa pensée, laquelle a été
d'ailleurs si bien comprise qu'il est presque réduit
à redire aujourd'hui ce que d'autres ont déjà dit
avant lui et beaucoup mieux que lui ; — celui qui
écrit ces lignes avait depuis long-temps entrevu ce
qu'il y a de neuf, d'extraordinaire et de profondé-
ment intéressant pour nous, peuples nés du moyen-
âge, dans cette guerre des titans modernes, moins
fantastique, mais aussi grandiose peut-être que la
guerre des titans antiques. Les titans sont des my-

thes, les burgraves sont des hommes. Il y a un abîme entre nous et les titans, fils d'Uranus et de Ghê ; il n'y a entre les burgraves et nous qu'une série de générations ; nous nations riveraines du Rhin, nous venons d'eux ; ils sont nos pères. De là entre eux et nous cette cohésion intime, quoique lointaine, qui fait que, tout en les admirant parce qu'ils sont grands, nous les comprenons parce qu'ils sont réels. Ainsi, la réalité qui éveille l'intérêt, la grandeur qui donne la poésie, la nouveauté qui passionne la foule, voilà sous quel triple aspect la lutte des burgraves et de l'empereur pouvait s'offrir à l'imagination d'un poète.

L'auteur des pages qu'on va lire était déjà préoccupé de ce grand sujet qui dès long-temps, nous venons de le dire, sollicitait intérieurement sa pensée lorsqu'un hasard, il y a quelques années, le conduisit sur les bords du Rhin. La portion du public qui veut bien suivre ses travaux avec quelque intérêt a lu peut-être le livre intitulé *le Rhin*, et sait par conséquent que ce voyage d'un passant obscur ne fut autre chose qu'une longue et fantasque promenade d'antiquaire et de rêveur.

La vie que menait l'auteur dans ces lieux peuplés de souvenirs, on se la figure sans peine. Il vivait là, il doit en convenir, beaucoup plus parmi les pierres du temps passé que parmi les hommes du temps présent. Chaque jour, avec cette passion que comprendront les archéologues et les poètes, il explorait quelque ancien édifice démoli. Quelquefois c'était dès le matin ; il allait, il gravissait la montagne et la ruine, brisait les ronces et les épines sous ses talons, écartait de la main les rideaux de lierre, escaladait les vieux pans de mur, et là, seul, pensif, oubliant tout, au milieu du chant des oiseaux, sous les rayons du soleil levant, assis sur quelque basalte verte de mousse ou enfoncé jusqu'aux genoux dans les hautes herbes humides de rosée, il déchiffrait une inscription romane ou mesurait l'écartement d'une ogive, tandis que les broussailles de la ruine, joyeusement remuées par le vent au-dessus de sa tête, faisaient tomber sur lui une pluie de fleurs. Quelquefois c'était le soir; au moment où le crépuscule ôtait leur forme aux collines et donnait au Rhin la blancheur sinistre de l'acier, il prenait, lui, le sentier de la montagne, coupé de temps en temps par quelque escalier de lave et d'ardoise, et il montait jusqu'au burg démantelé. Là, seul comme le matin, plus seul encore, car aucun chevrier n'oserait se hasarder dans des lieux pareils à ces heures que toutes les superstitions font redoutables, perdu dans l'obscurité, il se laissait aller à cette tristesse profonde qui vient au cœur quand on se trouve, à la tombée du soir, placé sur quelque sommet désert, entre les étoiles de Dieu qui s'allument splendidement au-dessus de notre tête et les pauvres étoiles de l'homme qui s'allument

aussi, elles, derrière la vitre misérable des caba-
nes, dans l'ombre, sous nos pieds. Puis l'heure
passait, et quelquefois minuit avait sonné à tous
les clochers de la vallée qu'il était encore là, de-
bout dans quelque brèche du donjon, songeant,
regardant, examinant l'attitude de la ruine, étu-
diant, témoin importun peut-être, ce que la na-
ture fait dans la solitude et dans les ténèbres;
écoutant, au milieu du fourmillement des ani-
maux nocturnes, tous ces bruits singuliers dont
la légende a fait des voix; contemplant, dans
l'angle des salles et dans la profondeur des cor-
ridors, toutes ces formes vaguement dessinées par
la lune et par la nuit, dont la légende a fait des
spectres. — Comme on le voit, ses jours et ses
nuits étaient pleins de la même idée; et il tâchait
de dérober à ces ruines tout ce qu'elles peuvent
apprendre à un penseur.

On comprendra aisément qu'au milieu de ces

contemplations et de ces rêveries les burgraves lui soient revenus à l'esprit. Nous le répétons, ce que nous avons dit en commençant de la Thessalie, on peut le dire du Rhin : il a eu jadis des géants, il a aujourd'hui des fantômes. Ces fantômes apparurent à l'auteur. Des châteaux qui sont sur ces collines sa méditation passa aux châtelains qui sont dans la chronique, dans la légende et dans l'histoire. Il avait sous les yeux les édifices, il essaya de se figurer les hommes ; du coquillage on peut conclure le mollusque, de la maison on peut conclure l'habitant. Et quelles maisons que les burgs du Rhin ! et quels habitants que les burgraves ! Ces grands chevaliers avaient trois armures : la première était faite de courage, c'était leur cœur ; la deuxième d'acier, c'était leur vêtement ; la troisième de granit, c'était leur forteresse.

Un jour, comme l'auteur venait de visiter les

citadelles écroulées qui hérissent le Wisperthal, il se dit que le moment était venu. Il se dit, sans se dissimuler le peu qu'il est et le peu qu'il vaut, que de ce voyage il fallait tirer une œuvre, que de cette poésie il fallait extraire un poème. L'idée qui se présenta à lui n'était pas sans quelque grandeur, il le croit. La voici :

Reconstruire par la pensée, dans toute son ampleur et dans toute sa puissance, un de ces châteaux où les burgraves, égaux aux princes, vivaient d'une vie presque royale. *Aux douzième et treizième siècles,* dit Kohlrausch, *le titre de burgrave prend rang immédiatement au-dessous du titre de roi* (*). Montrer dans le burg les trois choses qu'il contenait : une forteresse, un palais, une caverne ; dans ce burg, ainsi ouvert dans toute

(*) Tome Ier, 4e époque, maison de Souabe.

sa réalité à l'œil étonné du spectateur, installer et faire vivre ensemble et de front quatre générations, l'aïeul, le père, le fils, le petit-fils; faire de toute cette famille comme le symbole palpitant et complet de l'expiation; mettre sur la tête de l'aïeul le crime de Caïn, dans le cœur du père les instincts de Nemrod, dans l'âme du fils les vices de Sardanapale; et laisser entrevoir que le petit-fils pourra bien un jour commettre le crime tout à la fois par passion comme son bisaïeul, par férocité comme son aïeul et par corruption comme son père; montrer l'aïeul soumis à Dieu, et le père soumis à l'aïeul; relever le premier par le repentir, et le second par la piété filiale, de sorte que l'aïeul puisse être auguste et que le père puisse être grand, tandis que les deux générations qui les suivent, amoindries par leurs vices croissants, vont s'enfonçant de plus en plus dans les ténèbres. Poser de cette façon devant tous, et rendre visible à la foule cette grande échelle morale de la dégradation des races qui devrait être l'exemple vivant éternellement dressé aux yeux de tous les hommes, et qui n'a été jusqu'ici entrevue, hélas! que par les songeurs et les poètes; donner une figure à cette leçon des sages; faire de cette abstraction philosophique une réalité dramatique, palpable, saisissante, utile.

Voilà la première partie, et pour ainsi parler, la première face de l'idée qui lui vint. Du reste, qu'on ne lui suppose pas la présomption d'exposer ici ce qu'il croit avoir fait; il se borne à expliquer ce qu'il a voulu faire. Cela dit une fois pour toutes, continuons.

Dans une famille pareille, ainsi développée à tous les regards et à tous les esprits, pour que l'enseignement soit entier, deux grandes et mystérieuses puissances doivent intervenir, la fatalité et la providence : la fatalité qui veut punir, la providence qui veut pardonner. Quand l'idée qu'on vient de dérouler apparut à l'auteur, il songea sur-le-champ que cette double intervention était nécessaire à la moralité de l'œuvre. Il se dit qu'il fallait que dans ce palais lugubre, inexpugnable, joyeux et tout-puissant, peuplé d'hommes de guerre et d'hommes de plaisir, regorgeant de princes et de soldats, on vît errer, entre les orgies des jeunes gens et les sombres rêveries des vieillards, la grande figure de la servitude ; qu'il fallait que cette figure fût une femme, car la femme seule, flétrie dans sa chair comme dans son âme, peut représenter l'esclavage complet ; et qu'enfin il fallait que cette femme, que cette esclave, vieille, livide, enchaînée, sauvage comme la nature qu'elle contemple sans cesse, farouche comme la vengeance qu'elle médite nuit et jour, ayant dans le cœur la passion des ténèbres, c'est-à-dire la haine, et dans l'esprit la science des ténèbres, c'est à-dire la magie, personnifiât la fatalité. Il se dit d'un autre côté que, s'il était nécessaire qu'on vît la servitude se traîner sous les pieds des burgraves, il était nécessaire aussi qu'on vît la souveraineté éclater au-dessus d'eux; il se dit qu'il fallait qu'au milieu de ces princes bandits un empereur apparût; que dans une œuvre de ce genre, si le poète avait le droit, pour peindre l'époque, d'emprunter à l'histoire ce qu'elle enseigne, il avait également le droit d'employer, pour faire mouvoir ses personnages, ce que la légende autorise; qu'il serait beau peut-être de réveiller pour un moment et de faire sortir des profondeurs mystérieuses où il est enseveli le glorieux messie militaire que l'Allemagne attend encore, le dormeur impérial de Kaiserslautern, et de jeter, terrible et foudroyant, au milieu des géants du Rhin, le Jupiter du douzième siècle, Frédéric Barberousse. Enfin il se dit qu'il y aurait peut-être quelque grandeur, tandis qu'une esclave représenterait la fa-

talité, à ce qu'un empereur personnifiât la provi-
dence. Ces idées germèrent dans son esprit, et il
pensa qu'en disposant de la sorte les figures par
lesquelles se traduirait sa pensée, il pourrait, au
dénouement, grande et morale conclusion, à son
sens du moins, faire briser la fatalité par la pro-
vidence, l'esclave par l'empereur, la haine par le
pardon.

Comme dans toute œuvre, si sombre qu'elle
soit, il faut un rayon de lumière, c'est-à-dire un
rayon d'amour, il pensa encore que ce n'était point
assez de crayonner le contraste des pères et des
enfants, la lutte des burgraves et de l'empereur, la
rencontre de la fatalité et de la providence ; qu'il
fallait peindre aussi et surtout deux cœurs qui s'ai-
ment; et qu'un couple chaste et dévoué, pur et
touchant, placé au centre de l'œuvre, et rayon-
nant à travers le drame entier, devait être l'âme
de toute cette action.

Car c'est là, à notre avis, une condition suprême. Quel que soit le drame, qu'il contienne une légende, une histoire ou un poème, c'est bien ; mais qu'il contienne avant tout la nature et l'humanité. Faites, si vous le voulez, c'est le droit souverain du poète, marcher dans vos drames des statues, faites-y ramper des tigres ; mais entre ces statues et ces tigres, mettez des hommes. Ayez la terreur, mais ayez la pitié. Sous ces griffes d'acier, sous ces pieds de pierre, faites broyer le cœur humain.

Ainsi l'histoire, la légende, le conte, la réalité, la nature, la famille, l'amour, des mœurs naïves, des physionomies sauvages, les princes, les soldats, les aventuriers, les rois, des patriarches comme dans la Bible, des chasseurs d'hommes comme dans Homère, des titans comme dans Eschyle, tout s'offrait à la fois à l'imagination éblouie de l'auteur dans ce vaste tableau à peindre, et il se sentait irrésistiblement entraîné vers l'œuvre qu'il rêvait, troublé seulement d'être si peu de chose , et regrettant que ce grand sujet ne rencontrât pas un grand poète. Car, là il y avait , certes, l'occasion d'une création majestueuse; on pouvait, dans un sujet pareil, mêler à la peinture d'une famille féodale la peinture d'une société héroïque, toucher à la fois des deux mains au sublime et au pathétique, commencer par l'épopée et finir par le drame.

Après avoir, comme il vient de l'indiquer et sans se dissimuler d'ailleurs son infériorité, ébauché ce poème dans sa pensée, l'auteur se demanda quelle forme il lui donnerait. Selon lui, le poème doit avoir la forme même du sujet. La règle : *Neve minor, neu sit quinto*, etc., n'a qu'une valeur secondaire à ses yeux. Les Grecs ne s'en doutaient pas; et les plus imposants chefs-d'œuvre de la tragédie proprement dite sont nés en dehors

de cette prétendue loi. La loi véritable, la voici :
Tout ouvrage de l'esprit doit naître avec la coupe
particulière et les divisions spéciales que lui donne
logiquement l'idée qu'il renferme. Ici, ce que l'au-
teur voulait placer et peindre, au point culminant
de son œuvre, entre Barberousse et Guanhumara,
entre la providence et la fatalité, c'était l'âme du
vieux burgrave centenaire Job-le-Maudit, cette
âme qui, arrivée au bord de la tombe, ne mêle
plus à sa mélancolie incurable qu'un triple senti-
ment : la maison, l'Allemagne, la famille. Ces trois
sentiments donnaient à l'ouvrage sa division natu-
relle. L'auteur résolut donc de composer son
drame en trois parties. Et en effet, si l'on veut
bien remplacer un moment en esprit les titres
actuels de ces trois actes, lesquels n'en expriment
que le fait extérieur, par des titres plus méta-
physiques qui en révéleraient la pensée inté-
rieure, on verra que chacune de ces trois par-
ties correspond à l'un des trois sentiments fon-

damentaux du vieux chevalier allemand : maison, Allemagne, famille. La première partie pourrait être intitulée *l'Hospitalité;* la deuxième, *la Patrie;* la troisième, *la Paternité.*

La division et la forme du drame une fois arrêtées, l'auteur résolut d'écrire sur le frontispice de l'œuvre, quand elle serait terminée, le mot *trilogie.* Ici, comme ailleurs, trilogie signifie seulement et essentiellement poème en trois chants ou drame en trois actes. Seulement, en l'employant, l'auteur voulait réveiller un grand souvenir, glorifier autant qu'il était en lui, par ce tacite hommage, le vieux poète de *l'Orestie* qui, méconnu de ses contemporains, disait avec une tristesse fière : *Je consacre mes œuvres au temps;* et aussi peut-être indiquer au public, par ce rapprochement bien redoutable d'ailleurs, que ce que le grand Eschyle avait fait pour les titans, il osait, lui, poète malheureusement trop au-dessous de cette magnifique tâche, essayer de le faire pour les burgraves.

Du reste, le public et la presse, cette voix du public, lui ont généreusement tenu compte, non du talent, mais de l'intention. Chaque jour cette foule sympathique et intelligente qui accourt si volontiers au glorieux théâtre de Corneille et de Molière, vient chercher dans cet ouvrage, non ce que l'auteur y a mis, mais ce qu'il a du moins tenté d'y mettre. Il est fier de l'attention persistante et sérieuse dont le public veut bien entourer ses travaux, si insuffisants qu'ils soient, et, sans répéter ici ce qu'il a déjà dit ailleurs, il sent que cette attention est pour lui pleine de responsabilité. Faire constamment effort vers le grand, donner aux esprits le vrai, aux âmes le beau, aux cœurs l'amour, ne jamais offrir aux multitudes un spectacle qui ne soit une idée, voilà ce que le poëte doit au peuple. La comédie même, quand elle se mêle au drame, doit contenir une leçon, et avoir sa philosophie. De nos jours, le peuple est grand ; pour être compris de lui, le poète doit être sincère. Rien n'est plus voisin du grand que l'honnête.

Le théâtre doit faire de la pensée le pain de la foule.

Un mot encore, et il a fini. *Les Burgraves* ne sont point, comme l'ont cru quelques esprits, excellents d'ailleurs, un ouvrage de pure fantaisie, le produit d'un élan capricieux de l'imagination. Loin de là : si une œuvre aussi incomplète valait la peine d'être discutée à ce point, on surprendrait peut-être beaucoup de personnes en leur disant que, dans la pensée de l'auteur, il y a eu tout autre chose qu'un caprice de l'imagination dans le choix de ce sujet, et qu'il lui soit permis d'ajouter, dans le choix de tous les sujets qu'il a traités jusqu'à ce jour. En effet, il y a aujourd'hui une nationalité européenne, comme il y avait du temps d'Eschyle, de Sophocle et d'Euripide, une nationalité grecque. Le groupe entier de la civilisation, quel qu'il fût et quel qu'il soit, a toujours été la grande patrie du poète. Pour Eschyle, c'était la Grèce; pour Virgile, c'était le monde romain; pour nous, c'est l'Europe. Partout où est la lumière, l'intelligence se sent chez elle et est chez elle. Ainsi, toute proportion gardée, et en supposant qu'il soit permis de comparer ce qui est petit à ce qui est grand, si Eschyle, en racontant la chute des titans, faisait jadis pour la Grèce une œuvre nationale, le poète qui raconte la lutte des burgraves fait aujourd'hui pour l'Europe une œuvre également nationale, dans le même sens et avec la même signification. Quelles que soient les antipathies momentanées et les jalousies de frontières, toutes les nations policées appartiennent au même centre et sont indissolu-

blement liées entre elles par une secrète et pro-
fonde unité. La civilisation nous fait à tous les
mêmes entrailles, le même esprit, le même but,
le même avenir. D'ailleurs, la France qui prête
à la civilisation même sa langue universelle et
son initiative souveraine, la France, lors même
que nous nous unissons à l'Europe dans une
sorte de grande nationalité, n'en est pas moins
notre première patrie comme Athènes était la pre-
mière patrie d'Eschyle et de Sophocle. Ils étaient
athéniens comme nous sommes français, et nous
sommes européens comme ils étaient grecs.

Ceci vaut la peine d'être développé. L'auteur
le fera peut-être quelque jour. Quand il l'aura
fait, on saisira mieux l'ensemble des ouvrages
qu'il a produits jusqu'ici ; on en pénétrera la pen-
sée ; on en comprendra la cohésion. Ce faisceau a
un lien. En attendant, il le dit et il est heureux
de le redire, oui, la civilisation tout entière est la

patrie du poète. Cette patrie n'a d'autre frontière que la ligne sombre et fatale où commence la barbarie. Un jour, espérons-le, le globe entier sera civilisé, tous les points de la demeure humaine seront éclairés, et alors sera accompli le magnifique rêve de l'intelligence : avoir pour patrie le monde et pour nation l'humanité.

25 mars 1843.

LES

BURGRAVES,

TRILOGIE.

<table>
<tr><td colspan="2"><h2>PERSONNAGES.</h2></td><td><h2>ACTEURS.</h2></td></tr>
</table>

JOB, burgrave de Heppenheff. . . . . M. BEAUVALLET.

MAGNUS, fils de Job, burgrave de Wardeck. . M. GUYON.

HATTO, fils de Magnus, marquis de Vérone,
    burgrave de Nollig. . . . . M. DROUVILLE.

GORLOIS, fils de Hatto (bâtard), burgrave de
    Sareck. . . . . Mlle GARIQUE.

FRÉDÉRIC DE HOHENSTAUFEN. . . . . . . M. LIGIER.

OTBERT. . . . . M. GEFFROY.

LE DUC GERHARD de Thuringe. . . . . M. LEROUX.

GILISSA, margrave de Lusace. . . . .

PLATON, margrave de Moravie. . . . .

LUPUS, comte de Mons. . . . . Mlle BROHAN.

CADWALLA, burgrave d'Okenfels. . . . . . . M. ROBERT.

DARIUS, burgrave de Lahneck. . . . . M. MATHIEN.

LA COMTESSE REGINA. . . . . Mlle DENAIN.

GUANHUMARA. . . . . Mme MÉLINGUE.

EDWIGE. . . . . Mlle JULIETTE.

KARL. . . . . . } . . . . M. MARIUS.
HERMANN. . . } étudiants. . . . M. LABA.
CYNULFUS. . . } . . . . M. RICHÉ.
HAQUIN. . . . . M. VARLET.
GONDICARIUS . } marchands }esclaves . . . . M. MATHIEU.
TEUDON. . . . . } . . . . M. FONTA.
KUNZ. . . . . . . et . . . . M. LEROUX.
SWAN. . . . . . } bourgeois. . . . M. JOANNIS.
PEREZ. . . . . . .

JOSSIUS, soldat. . . . . M. ROBERT.

LE CAPITAINE DU BURG. . . . . M. ALEXANDRE.

UN SOLDAT. . . . .

Heppenheff. 120. .

PREMIÈRE PARTIE.

L'AIEUL.

PERSONNAGES.

JOB.

MAGNUS.

HATTO.

GORLOIS.

OTBERT.

RÉGINA.

GUANHUMARA.

LES BURGRAVES ET LES PRINCES.

LES ESCLAVES.

UN MENDIANT.

PAGES, SOLDATS, ARCHERS, ARBALÉTRIERS.

PREMIÈRE PARTIE.

L'ancienne galerie des portraits seigneuriaux du burg de Heppenheff. Cette galerie, qui était circulaire, se développait autour du grand donjon, et communiquait avec le reste du château par quatre grandes portes situées aux quatre points cardinaux. Au lever du rideau on aperçoit une partie de cette galerie qui fait retour et qu'on voit se perdre derrière le mur arrondi du donjon. A gauche, une des quatre grandes portes de communication. A droite, une haute et large porte communiquant avec l'intérieur du donjon, exhaussée sur un degré de trois marches et accostée d'une porte bâtarde. Au fond, un promenoir roman à pleins cintres, à piliers bas, à chapiteaux bizarres, portant un deuxième étage (praticable), et communiquant avec la galerie par un grand degré de six marches. A travers les larges arcades de ce promenoir, on aperçoit le ciel et le reste du château, dont la plus haute tour est surmontée d'un immense drapeau noir qui flotte au vent. A gauche, près de la grande porte à deux battants, une petite fenêtre fermée d'un vitrail haut en couleur. Près de la fenêtre, un fauteuil. Toute la galerie a l'aspect délabré et inhabité. Les murailles et les voûtes de pierre, sur lesquelles on distingue quelques vestiges de fresques effacées, sont verdies et moisies par le suintement des pluies. Les portraits suspendus dans les panneaux de la galerie sont tous retournés la face contre le mur.

Au moment où le rideau se lève, le soir vient. La partie du château qu'on aperçoit par les archivoltes du promenoir au fond du théâtre semble éclairée et illuminée à l'intérieur, quoiqu'il fasse encore grand jour. On entend venir de ce côté du burg un bruit de trompettes et de clairons, et par moments des chansons chantées à pleines voix au cliquetis des verres. Plus près on entend un froissement de ferrailles, comme si une troupe d'hommes enchaînés allait et venait dans la portion du promenoir qu'on ne voit pas.

Une femme, seule, vieille, à demi cachée par un long voile noir, vêtue d'un sac de toile grise en lambeaux, enchaînée d'une chaîne qui se rattache par un double anneau à sa ceinture et à son pied nu, un collier de fer autour du cou, s'appuie contre la grande porte, et semble écouter les fanfares et les chants de la salle voisine.

SCÈNE PREMIÈRE.

GUANHUMARA seule. Elle écoute.

CHANT DU DEHORS.

Dans les guerres civiles
Nous avons tous les droits.
— Nargue à toutes les villes
Et nargue à tous les rois !

Le burgrave prospère ;
Tout est dans la terreur.
— Barons, nargue au saint-père,
Et nargue à l'empereur !

Régnons, nous sommes braves,
Par le fer, par le feu.
— Nargue à Satan, burgraves!
Burgraves, nargue à Dieu !

Trompettes et clairons.

GUANHUMARA.

Les princes sont joyeux. Le festin dure encore.

Elle regarde de l'autre côté du théâtre.

Les captifs sous le fouet travaillent dès l'aurore.

Elle écoute.

Là , le bruit de l'orgie ; — ici, le bruit des fers.

Elle fixe son regard sur la porte du donjon à droite.

Là, le père et l'aïeul, pensifs, chargés d'hivers,
De tout ce qu'ils ont fait cherchant la sombre trace,
Méditant sur leur vie ainsi que sur leur race,
Contemplent, seuls, et loin des rires triomphants,
Leurs forfaits, moins hideux encor que leurs enfants.
Dans leurs prospérités, jusqu'à ce jour entières,
Ces burgraves sont grands. Les marquis des frontières,
Les comtes souverains, les ducs fils des rois goths,
Se courbent devant eux jusqu'à leur être égaux;
Le burg, plein de clairons, de chansons, de huées,
Se dresse inaccessible au milieu des nuées;
Mille soldats partout, bandits aux yeux ardents,
Veillent, l'arc et la lance au poing, l'épée aux dents.
Tout protége et défend cet antre inabordable.
Seule, en un coin désert du château formidable,
Femme et vieille, inconnue, et pliant le genou,
Triste, la chaîne au pied et le carcan au cou,
En haillons et voilée, une esclave se traîne... —
Mais, ô princes, tremblez ! cette esclave est la haine !

Elle se retire au fond du théâtre et monte les degrés du promenoir. Entre par la galerie à droite une troupe d'esclaves enchaînés, quelques-uns ferrés deux à deux, et portant à la main des instruments de travail, pioches, pics, marteaux, etc. Guanhumara, appuyée à l'un des piliers du promenoir, les regarde d'un air pensif. Aux vêtements souillés et déchirés des prisonniers, on distingue encore leurs anciennes professions.

SCÈNE DEUXIÈME.

LES ESCLAVES.

KUNZ, TEUDON, HAQUIN, GONDICARIUS, bourgeois et marchands, barbes grises; JOSSIUS, vieux soldat; HERMANN, CYNULFUS, KARL, étudiants de l'université de Bologne et de l'école de Mayence; SWAN (ou Suénon), marchand de Lubeck. Les prisonniers s'avancent lentement par groupes séparés, les étudiants avec les étudiants, bourgeois et marchands ensemble, le soldat seul. Les vieux semblent accablés de fatigue et de douleur. Pendant toute cette scène et les deux qui suivent, on continue d'entendre par moments les fanfares et les chants de la salle voisine.

TEUDON jetant l'outil qu'il tient, et s'asseyant sur le degré de pierre en avant de la double porte du donjon.

C'est l'heure du repos! — enfin! — Oh! je suis las!

KUNZ, agitant sa chaîne.

Quoi! j'étais libre et riche! et maintenant!

GONDICARIUS, adossé à un pilier.

Hélas!

CYNULFUS, suivant de l'œil Guanhumara, qui traverse à pas lents le promenoir.

Je voudrais bien savoir qui cette femme épie.

SWAN, bas à Cynulfus.

L'autre mois, par les gens du burg, engeance impie,

Elle fut prise avec des marchands de Saint-Gall.
Je ne sais rien de plus.

CYNULFUS.

Oh ! cela m'est égal ;
Mais tandis qu'on nous lie, on la laisse libre, elle !

SWAN.

Elle a guéri Hatto d'une fièvre mortelle,
L'aîné des petits-fils.

HAQUIN.

Le burgrave Rollon,
L'autre jour, fut mordu d'un serpent au talon ;
Elle l'a guéri.

CYNULFUS.

Vrai ?

HAQUIN.

Je crois, sur ma parole,
Que c'est une sorcière.

HERMANN.

Ah bah ! c'est une folle.

SWAN.

Elle a mille secrets. Elle a guéri, ma foi,

Non-seulement Rollon et Hatto, mais Éloi,
Knüd, Azzo, ces lépreux que fuyait tout le monde.

TEUDON.

Cette femme travaille à quelque œuvre profonde.
Elle a, soyez-en sûrs, de noirs projets noués
Avec ces trois lépreux qui lui sont dévoués.
Partout, dans tous les coins, ensemble on les retrouve.
Ce sont comme trois chiens qui suivent cette louve.

HAQUIN.

Hier, au cimetière, au logis des lépreux,
Ils étaient tous les quatre et travaillaient entre eux.
Eux, faisaient un cercueil et clouaient sur des planches;
Elle, agitait un vase, en relevant ses manches,
Chantait bas, comme on chante aux enfants qu'on endort,
Et composait un philtre avec des os de mort.

SWAN.

Cette nuit, ils erraient. La nuit bien étoilée,
Ces trois lépreux masqués, cette femme voilée,
Kunz, c'était effrayant. Moi, je ne dormais pas,
Et je voyais cela.

KUNZ.

Je crois, dans tous les cas,

Qu'ici dans les caveaux ils ont quelque cachette.
L'autre jour, les lépreux et la vieille sachette
Passaient sous un grand mur d'un air morne et bourru.
Je détournai les yeux, ils avaient disparu.
Ils s'étaient enfoncés dans le mur !

HAQUIN.

                 Ces trois hommes,
Lépreux, ensorcelés, avec lesquels nous sommes,
M'importunent.

KUNZ.

            C'était près du Caveau Perdu.
Vous savez ?

HERMANN.

         Ces lépreux servent, et c'est bien dû,
Celle qui les guérit. Rien de plus simple, en somme.

SWAN.

Mais au lieu des lépreux, de Hatto, méchant homme,
Kunz, celle qu'il faudrait guérir dans ce château,
C'est cette douce enfant, fiancée à Hatto,
La nièce du vieux Job.

KUNZ.

       Régina ! Dieu l'assiste !

Celle-là, c'est un ange!

HERMANN.

Elle se meurt.

KUNZ.

C'est triste.

Oui, l'horreur pour Hatto, l'ennui, poids étouffant,
La tue. Elle s'en va chaque jour.

TEUDON.

Pauvre enfant!

Guanhumara reparaît au fond du théâtre qu'elle traverse.

HAQUIN.

Voici la vieille encor. — Vraiment, elle m'effraie.
Tout en elle, son air, sa tristesse d'orfraie,
Son regard profond, clair et terrible parfois,
Sa science sans fond, à laquelle je crois,
Me fait peur.

GONDICARIUS.

Maudit soit ce burg!

TEUDON.

Paix! je te prie.

GONDICARIUS.

Mais jamais on ne vient dans cette galerie;
Nos maîtres sont en fête, et nous sommes loin d'eux ;
On ne peut nous entendre.

TEUDON, baissant la voix et indiquant la porte du donjon.

Ils sont là tous les deux !

GONDICARIUS.

Qui?

TEUDON.

Les vieillards. Le père et le fils. Paix, vous dis-je!
Excepté,—je le tiens de la nourrice Edwige,—
Madame Régina qui vient près d'eux prier ;
Excepté cet Otbert, ce jeune aventurier,
Arrivé l'an passé, bien qu'encor fort novice,
Au château d'Heppenheff pour y prendre service,
Et que l'aïeul, puni dans sa postérité,
Aime pour sa jeunesse et pour sa loyauté, —
Nul n'ouvre cette porte et personne ici n'entre.
Le vieil homme de proie est là seul dans son antre.
Naguère au monde entier il jetait ses défis.
Vingt comtes et vingt ducs, ses fils, ses petits-fils,

Cinq générations dont sa montagne est l'arche,
Entouraient comme un roi ce bandit patriarche.
Mais l'âge enfin le brise. Il se tient à l'écart.
Il est là, seul, assis sous un dais de brocart.
Son fils, le vieux Magnus, debout, lui tient sa lance.
Durant des mois entiers il garde le silence;
Et la nuit on le voit entrer, pâle, accablé,
Dans un couloir secret dont seul il a la clé.
Où va-t-il?

SWAN.

Ce vieillard a des peines étranges.

HAQUIN.

Ses fils pèsent sur lui comme les mauvais anges.

KUNZ.

Ce n'est pas vainement qu'il est maudit.

GONDICARIUS.

Tant mieux!

SWAN.

Il eut un dernier fils, étant déjà fort vieux.
Il aimait cet enfant. Dieu fit ainsi le monde;
Toujours la barbe grise aime la tête blonde.

A peine âgé d'un an, cet enfant fut volé...

KUNZ.

Par une égyptienne.

CYNULFUS.

Au bord d'un champ de blé.

HAQUIN.

Moi, je sais que ce burg, bâti sur une cime,
Après avoir, dit-on, vu jadis un grand crime,
Resta long-temps désert, et puis fut démoli
Par l'Ordre Teutonique; enfin les ans, l'oubli,
L'effaçaient, quand un jour le maître, homme fantasque,
Ayant changé de nom comme on change de masque,
Y revint. Depuis lors il a sur ce manoir
Arboré pour jamais ce sombre drapeau noir.

SWAN, à Kunz.

As-tu remarqué, fils, au bas de la tour ronde,
Au-dessus du torrent qui dans le ravin gronde,
Une fenêtre étroite, à pic sur les fossés,
Où l'on voit trois barreaux tordus et défoncés?

KUNZ.

C'est le Caveau Perdu. J'en parlais tout à l'heure

HAQUIN.

Un gîte sombre. On dit qu'un fantôme y demeure.

HERMANN.

Bah !

CYNULFUS.

L'on dirait qu'au mur le sang jadis coula.

KUNZ.

Le certain, c'est que nul ne saurait entrer là.
Le secret de l'entrée est perdu. La fenêtre
Est tout ce qu'on en voit. Nul vivant n'y pénètre.

SWAN.

Eh bien, le soir, je vais à l'angle du rocher,
Et là, toutes les nuits, j'entends quelqu'un marcher !

KUNZ, avec une sorte d'effroi.

Êtes-vous sûr ?

SWAN.

Très-sûr.

TEUDON.

Kunz, brisons là. Nous taire
Serait prudent.

HAQUIN.

Ce burg est plein d'un noir mystère.
J'écoute tout ici, car tout me fait rêver.

TEUDON.

Parlons d'autre chose, hein? Ce qui doit arriver,
Dieu seul le voit.

Il se tourne vers un groupe qui n'a pas encore pris part à ce qui se passe sur le devant de la scène, et qui parait fort attentif dans un coin du théâtre à ce que dit un jeune étudiant.

Tiens, Karl, finis-nous ton histoire.

Karl vient sur le devant du théâtre; tous se rapprochent et les deux groupes d'esclaves, jeunes gens et vieillards, se confondent dans une commune attention.

KARL.

Oui. Mais n'oubliez point que le fait est notoire,
Que c'est le mois dernier que l'aventure eut lieu,
Et qu'il s'est écoulé...
    Il semble chercher un in taut dans sa mémoire.
                près de vingt ans, pardieu!
Depuis que Barberousse est mort à la croisade.

HERMANN.

Soit. Ton Max était donc dans un lieu fort maussade!..

KARL.

Un lieu lugubre, Hermann. Un endroit redouté,

Un essaim de corbeaux, sinistre, épouvanté,
Tourne éternellement autour de la montagne.
Le soir, leurs cris affreux, lorsque l'ombre les gagne,
Font fuir jusqu'à Lautern le chasseur hasardeux.
Des gouttes d'eau, du front de ce rocher hideux,
Tombaient, comme les pleurs d'un visage terrible.
Une caverne sombre et d'une forme horrible
S'ouvrait dans le ravin. Le comte Max Edmond
Ne craignit pas d'entrer dans la nuit du vieux mont.
Il s'aventura donc sous ces grottes funèbres.
Il marchait. Un jour blême éclairait les ténèbres.
Soudain, sous une voûte au fond du souterrain,
Il vit dans l'ombre, assis sur un fauteuil d'airain,
Les pieds enveloppés dans les plis de sa robe,
Ayant le sceptre à droite, à gauche ayant le globe,
Un vieillard effrayant, immobile, incliné,
Ceint du glaive, vêtu de pourpre, et couronné.
Sur une table faite avec un bloc de lave,
Cet homme s'accoudait. Bien que Max soit très-brave
Et qu'il ait guerroyé sous Jean-le-Bataillard,
Il se sentit pâlir devant ce grand vieillard
Presque enfoui sous l'herbe, et le lierre et la mousse,
Car c'était l'empereur Frédéric Barberousse !

Il dormait,—d'un sommeil farouche et surprenant.
Sa barbe, d'or jadis, de neige maintenant,
Faisait trois fois le tour de la table de pierre ;
Ses longs cils blancs fermaient sa pesante paupière ;
Un cœur percé saignait sur son écu vermeil.
Par moments, inquiet, à travers son sommeil,
Il portait vaguement la main à son épée.
De quel rêve cette âme était-elle occupée ?
Dieu le sait.

HERMANN.

Est-ce tout ?

KARL.

                    Non, écoutez encor.
Aux pas du comte Max dans le noir corridor,
L'homme s'est réveillé ; sa tête morne et chauve
S'est dressée, et, fixant sur Max un regard fauve,
Il a dit, en rouvrant ses yeux lourds et voilés :
— Chevalier, les corbeaux se sont-ils envolés ? —
Le comte Max Edmond a répondu : — Non, sire.
A ce mot, le vieillard a laissé sans rien dire
Retomber son front pâle, et Max, plein de terreur,

A vu se rendormir le fantôme empereur !

Pendant que Karl a parlé, tous les prisonniers sont venus se grouper autour
de lui, et l'ont écouté avec une curiosité toujours croissante. Jossius s'est
approché des premiers dès qu'il a entendu prononcer le nom de Barberousse.

HERMANNN ,   éclatant de rire.

Le conte est beau !

HAQUIN , à Karl.

S'il faut croire la renommée,

Frédéric s'est noyé devant toute l'armée

Dans le Cydnus.

JOSSIUS.

Il s'est perdu dans le courant.

J'étais là. J'ai tout vu. Ce fut terrible et grand.

Jamais ce souvenir dans mon cœur ne s'émousse.

Othon de Wittelsbach haïssait Barberousse ;

Mais quand il vit son prince à la merci des flots,

Et que les Turcs sur lui lançaient leurs javelots,

Othon de Wittelsbach, palatin de Bavière,

Poussa son cheval noir jusque dans la rivière,

Et, s'offrant seul aux coups pleuvant avec fureur,

Il cria : Commençons par sauver l'empereur !

HERMANN.

Ce fut en vain.

2.

JOSSIUS.

En vain les meilleurs accoururent!
Soixante-trois soldats et deux comtes moururent
En voulant le sauver.

KARL.

Cela ne prouve pas
Que son spectre n'est point dans le val du Malpas.

SWAN.

Moi! l'on m'a dit,—la fable est un champ sans limite!—
Qu'échappé par miracle, il s'était fait ermite,
Et qu'il vivait encor.

GONDICARIUS.

Plût au ciel! et qu'il vînt
Délivrer l'Allemagne avant douze-cent-vingt;
Fatale année, où doit, dit-on, crouler l'Empire!

SWAN.

Déjà de toutes parts notre grandeur expire.

HAQUIN.

Si Frédéric était vivant, — oui, j'y songeais, —
Pour nous tirer d'ici, nous, ses loyaux sujets,

Il recommencerait la guerre des burgraves.

KUNZ.

Hé! le monde entier souffre autant que nous, esclaves.
L'Allemagne est sans chef, et l'Europe est sans frein.

HAQUIN.

Le pain manque.

GONDICARIUS.

Partout on voit aux bords du Rhin
Le noir fourmillement des brigands qui renaissent.

KUNZ.

Les électeurs entre eux de brigues se repaissent.

HERMANN.

Cologne est pour Souabe.

SWAN.

Erfurth est pour Brunswick.

GONDICARIUS.

Mayence élit Berthold.

KUNZ.

Trèves veut Frédéric.

GONDICARIUS.

En attendant tout meurt.

HAQUIN.

Les villes sont fermées.

SWAN.

On ne peut voyager que par bandes armées.

KARL.

Par les petits tyrans les peuples sont froissés.

TEUDON.

Quatre empereurs! — C'est trop. Et ce n'est pas assez.
En fait de rois, vois-tu, Karl, un vaut plus que quatre.

KUNZ.

Il faudrait un bras fort pour lutter, pour combattre.
Mais hélas! Barberousse est mort, — bien mort, Suénon!

SWAN, à Jossius.

A-t-on dans le Cydnus retrouvé son corps?

JOSSIUS.

Non.

Les flots l'ont emporté.

TEUDON

                    Swan , as-tu connaissance
De la prédiction qu'on fit à sa naissance ?
— « Cet enfant, dont le monde un jour suivra les lois,
» Deux fois sera cru mort et revivra deux fois. » —
Or, la prédiction , qu'on raille ou qu'on oublie,
Une première fois semble s'être accomplie.

HERMANN.

Barberousse est l'objet de cent contes.

TEUDON.
                                        Je dis
Ce que je sais. J'ai vu , vers l'an quatre-vingt-dix,
A Prague, à l'hôpital, dans une casemate,
Un certain Sfrondati, gentilhomme dalmate,
Fort vieux, et qu'on disait privé de sa raison.
Cet homme racontait tout haut dans sa prison
Qu'étant jeune, à cet âge où tout hasard nous pousse,
Chez le duc Frédéric, père de Barberousse,
Il était écuyer. Le duc fut consterné
De la prédiction faite à son nouveau-né.
De plus, l'enfant croissait pour une double guerre;
Gibelin par son père et guelfe par sa mère,

Les deux partis pouvaient le réclamer un jour.
Le père l'éleva d'abord dans une tour,
Loin de tous les regards, et le tint invisible,
Comme pour le cacher au sort le plus possible.
Il chercha même encore un autre abri plus tard.
D'une fille très-noble il avait un bâtard
Qui, né dans la montagne, ignorait que son père
Était duc de Souabe et comte chef de guerre,
Et ne le connaissait que sous le nom d'Othon.
Le bon duc se cachait de ce fils-là, dit-on,
De peur que le bâtard ne voulût être prince,
Et d'un coin du duché se faire une province.
Le bâtard par sa mère avait, fort près du Rhin,
Un burg dont il était burgrave et suzerain,
Un château de bandit, un nid d'aigle, un repaire.
L'asile parut bon et sûr au pauvre père.
Il vint voir le burgrave, et, l'ayant embrassé,
Lui confia l'enfant sous un nom supposé,
Lui disant seulement : Mon fils, voici ton frère !
Puis il partit. — Au sort nul ne peut se soustraire.
Certes, le duc croyait son fils et son secret
Bien gardés, car l'enfant lui-même s'ignorait. —
Le jeune Barberousse, ainsi, chez le burgrave,

Atteignit ses vingt ans. Or, — ceci devient grave, —
Un jour, dans un hallier, au pied d'un roc, au bord
D'un torrent qui baignait les murs du château-fort,
Des pâtres qui passaient trouvèrent à l'aurore
Deux corps sanglants et nus qui palpitaient encore,
Deux hommes poignardés dans le château sans bruit,
Puis jetés à l'abîme, au torrent, à la nuit;
Et qui n'étaient pas morts. Un miracle, vous dis-je !
Ces deux hommes, que Dieu sauvait par un prodige,
C'était le Barberousse avec son compagnon,
Ce même Sfrondati, qui seul savait son nom.
On les guérit tous deux. Puis, dans un grand mystère,
Sfrondati ramena le jeune homme à son père,
Qui pour paîment fit mettre au cachot Sfrondati.
Le duc garda son fils, c'était le bon parti,
Et n'eut plus qu'une idée, étouffer cette affaire.
Jamais il ne revit son bâtard. Quand ce père
Sentit sa mort prochaine, il appela son fils,
Et lui fit à genoux baiser un crucifix.
Barberousse, incliné sur ce lit funéraire,
Jura de ne se point révéler à son frère,
Et de ne s'en venger, s'il était encor temps,
Que le jour où ce frère atteindrait ses cent ans.

—C'est-à-dire jamais; quoique Dieu soit le maître! —
Si bien que le bâtard sera mort sans connaître
Que son père était duc, et son frère empereur.
Sfrondati pâlissait d'épouvante et d'horreur
Quand on voulait sonder ce secret de famille.
Les deux frères aimaient tous deux la même fille;
L'aîné se crut trahi, tua l'autre, et vendit
La fille à je ne sais quel horrible bandit,
Qui, la liant au joug sans pitié, comme un homme,
L'attelait aux bateaux qui vont d'Ostie à Rome.
Quel destin! — Sfrondati disait : C'est oublié!
Du reste en son esprit tout s'était délié.
Rien ne surnageait plus dans la nuit de son âme;
Ni le nom du bâtard, ni le nom de la femme.
Il ne savait comment. Il ne pouvait dire où. —
J'ai vu cet homme à Prague enfermé comme fou.
Il est mort maintenant.

HERMANN.

Tu conclus?

TEUDON.

Je raisonne.

Si tous ces faits sont vrais, la prophétie est bonne.
Car enfin, — cet espoir n'a rien de hasardeux, —
Accomplie une fois, elle peut l'être deux.
Barberousse, déjà cru mort dans sa jeunesse,
Pourrait renaître encor...

HERMANN, riant.

Bon ! attends qu'il renaisse !

KUNZ, à Tendon.

On m'a jadis conté ce conte. En ce château
Frédéric Barberousse avait nom Donato.
Le bâtard s'appelait Fosco. Quant à la belle,
Elle était Corse, autant que je me le rappelle.
Les amants se cachaient dans un caveau discret,
Dont l'entrée inconnue était leur doux secret ;
C'est là qu'un soir Fosco, cœur jaloux, main hardie,
Les surprit, et finit l'idylle en tragédie.

GONDICARIUS.

Que Frédéric, du trône atteignant le sommet,
N'ait jamais recherché la femme qu'il aimait,
Cela me navrerait dans l'âme pour sa gloire,
Si je croyais un mot de toute votre histoire.

TEUDON.

Il l'a cherchée, ami. De son bras souverain,
Trente ans il a fouillé les repaires du Rhin.
Le bâtard...

KUNZ.

Ce Fosco !

TEUDON, continuant.

Pour servir en Bretagne,
Avait laissé son burg et quitté la montagne.
Il n'y revint, dit-on, que fort long-temps après.
L'empereur investit les monts et les forêts,
Assiégea les châteaux, détruisit les burgraves ;
Mais ne retrouva rien.

GONDICARIUS, à Jossius.

Vous étiez de ses braves ?
Vous avez bataillé contre ces mécréants ?
Vous souvient-il ?

JOSSIUS.

C'étaient des guerres de géants !
Les burgraves entre eux se prêtaient tous main-forte.

Il fallait emporter chaque mur, chaque porte.

En haut, en bas, criblés de coups, baignés de sang,

Les barons combattaient, et laissaient, en poussant

Des rires éclatants sous leurs horribles masques,

L'huile et le plomb fondu ruisseler sur leurs casques.

Il fallait assiéger dehors, lutter dedans,

Percer avec l'épée et mordre avec les dents.

Oh! quels assauts! Souvent, dans l'ombre et la fumée,

Le château, pris enfin, s'écroulait sur l'armée!

C'est dans ces guerres-là que Barberousse un jour,

Masqué, mais couronné, seul, au pied d'une tour,

Lutta contre un bandit qui, forcé dans son bouge,

Lui brûla le bras droit d'un trèfle de fer rouge,

Si bien que l'empereur dit au comte d'Arau :

—Je le lui ferai rendre, ami, par le bourreau !

GONDICARIUS.

Cet homme fut-il pris ?

JOSSIUS.

      Non, il se fit passage.

Sa visière empêcha qu'on ne vît son visage,

Et l'empereur garda le trèfle sur son bras.

TEUDON, à Swan.

Je crois que Barberousse est vivant.—Tu verras.

JOSSIUS.

Je suis sûr qu'il est mort.

CYNULFUS.

Mais Max Edmond?..

HERMANN.

Chimère!

TEUDON.

La grotte du Malpas...

HERMANN.

Un conte de grand'mère!

KARL.

Sfrondati cependant jette un jour tout nouveau...

HERMANN.

Bah! Songes d'un fiévreux qui voit dans son cerveau,
Où flottent des lueurs toujours diminuées,
Les visions passer ainsi que des nuées!

Entre un soldat le fouet à la main.

LE SOLDAT.

Esclaves, au travail! Les convives ce soir

Vont venir visiter cette aile du manoir;

C'est monseigneur Hatto, le maître, qui les mène.

Qu'il ne vous trouve point ici traînant la chaîne.

Les prisonniers ramassent leurs outils, s'accouplent en silence et sortent la tête basse sous le fouet du soldat. Guanhumara reparaît sur la galerie haute et les suit des yeux. Au moment où les prisonniers disparaissent, entrent par la grande porte Régina, Edwige et Otbert; Régina, vêtue de blanc; Edwige, la nourrice, vieille, vêtue de noir; Otbert, en habit de capitaine aventurier, avec le coutelas et la grande épée; Régina, toute jeune, pâle, accablée, et se traînant à peine comme une personne malade depuis long-temps et presque mourante. Elle se penche sur le bras d'Otbert, qui la soutient et fixe sur elle un regard plein d'angoisse et d'amour. Edwige la suit. Guanhumara, sans être vue d'aucun des trois, les observe et les écoute quelques instants, puis sort par le côté opposé à celui où elle est entrée.

SCÈNE TROISIÈME.

OTBERT, RÉGINA. — Par instants, EDWIGE.

OTBERT.

Appuyez-vous sur moi.—Là, marchez doucement.
—Venez sur ce fauteuil vous asseoir un moment.

Il la conduit à un grand fauteuil près de la fenêtre.

Comment vous trouvez-vous?

RÉGINA.

Mal. J'ai froid. Je frissonne.
Ce banquet m'a fait mal.

A Edwige.

Vois s'il ne vient personne.

Edwige sort.

OTBERT.

Ne craignez rien. Ils vont boire jusqu'au matin.
Pourquoi donc êtes-vous allée à ce festin?

RÉGINA.

Hatto...

OTBERT.

Hatto !

RÉGINA, l'apaisant.

Plus bas. Il eût pu me contraindre,
Je lui suis fiancée.

OTBERT.

Il fallait donc vous plaindre
Au vieux seigneur. Hatto le craint.

RÉGINA.

Je vais mourir.
A quoi bon ?

OTBERT.

Oh ! pourquoi parler ainsi ?

RÉGINA.

Souffrir,
Rêver, puis s'en aller. C'est le sort de la femme.

OTBERT, lui montrant la fenêtre.

Voyez ce beau soleil !

RÉGINA.

Oui, le couchant s'enflamme.
Nous sommes en automne et nous sommes au soir.
Partout la feuille tombe et le bois devient noir.

OTBERT.

Les feuilles renaîtront.

RÉGINA.

Oui. —

Rêvant et regardant le ciel.

Vite! — à tire d'ailes! —
—Oh! c'est triste de voir s'enfuir les hirondelles! —
Elles s'en vont là-bas vers le midi doré.

OTBERT.

Elles reviendront.

RÉGINA.

Oui. —Mais moi je ne verrai
Ni l'oiseau revenir, ni la feuille renaître!

OTBERT.

Régina!...

RÉGINA.

Mettez-moi plus près de la fenêtre.

Elle lui donne sa bourse.

Otbert, jetez ma bourse aux pauvres prisonniers.

Otbert jette la bourse par une des fenêtres du fond. Elle continue, l'œil fixé au dehors.

Oui, ce soleil est beau. Ses rayons, — les derniers! —

Sur le front du Taunus posent une couronne;

Le fleuve luit; le bois de splendeur s'environne;

Les vitres du hameau, là-bas, sont tout en feu;

Que c'est beau! que c'est grand! que c'est charmant, mon Dieu!

La nature est un flot de vie et de lumière!.. —

Oh! je n'ai pas de père et je n'ai pas de mère,

Nul ne peut me sauver, nul ne peut me guérir,

Je suis seule en ce monde et je me sens mourir!

OTBERT.

Vous, seule au monde! et moi! moi qui vous aime!

RÉGINA.

Rêve!

Non, vous ne m'aimez pas, Otbert! La nuit se lève!

—La nuit! —J'y vais tomber. Vous m'oublîrez après.

OTBERT.

Mais pour vous je mourrais et je me damnerais!

Je ne vous aime pas! — Elle me désespère! —

Depuis un an, du jour où dans ce noir repaire,

3.

Je vous vis, au milieu de ces bandits jaloux,
Je vous aimai. Mes yeux, madame, allaient à vous,
Dans ce morne château, plein de crimes sans nombre,
Comme au seul lys du gouffre, au seul astre de l'ombre!
Oui, j'osai vous aimer, vous, comtesse du Rhin!
Vous, promise à Hatto, le comte au cœur d'airain!
Je vous l'ai dit, je suis un pauvre capitaine;
Homme de ferme épée et de race incertaine.
Peut-être moins qu'un serf, peut-être autant qu'un roi.
Mais tout ce que je suis est à vous. Quittez-moi,
Je meurs. — Vous êtes deux dans ce château, que j'aime.
Vous d'abord, avant tout, avant mon père même,
Si j'en avais un, — puis

Montrant la porte du donjon.

          ce vieillard affaissé
Sous le poids inconnu d'un effrayant passé.
Doux et fort, triste aïeul d'une horrible famille,
Il met toute sa joie en vous, ô noble fille,
En vous, son dernier culte et son dernier flambeau,
Aube qui blanchissez le seuil de son tombeau!
Moi, soldat dont la tête au poids du sort se plie,
Je vous bénis tous deux, car près de vous j'oublie,
Et mon âme, qu'étreint une fatale loi,

Près de lui se sent grande, et pure près de toi !
Vous voyez maintenant tout mon cœur. Oui, je pleure,
Et puis je suis jaloux , je souffre. Tout à l'heure,
Hatto vous regardait,— vous regardait toujours !—
Et moi, moi! je sentais, à bouillonnements sourds,
De mon cœur à mon front qu'un feu sinistre éclaire,
Monter toute ma haine et toute ma colère ! —
Je me suis retenu, j'aurais dû tout briser.—
— Je ne vous aime pas!— Enfant, donne un baiser,
Je te donne mon sang. — Régina ! dis au prêtre
Qu'il n'aime pas son Dieu, dis au Toscan sans maître
Qu'il n'aime point sa ville, au marin sur la mer,
Qu'il n'aime point l'aurore après les nuits d'hiver ;
Va trouver sur son banc le forçat las de vivre ,
Dis-lui qu'il n'aime point la main qui le délivre;
Mais ne me dis jamais que je ne t'aime pas !
Car vous êtes pour moi, dans l'ombre où vont mes pas,
Dans l'entrave où mon pied se sent pris en arrière,
Plus que la délivrance et plus que la lumière !
Je suis à vous sans terme, à vous éperdûment ,
Et vous le savez bien. — Oh ! les femmes vraiment
Sont cruelles toujours et rien ne leur plaît comme
De jouer avec l'âme et la douleur d'un homme ! —

Mais pardon , vous souffrez, je vous parle de moi,
Mon Dieu! quand je devrais, à genoux devant toi,
Ne point contrarier ta fièvre et ton délire ,
Et te baiser les mains en te laissant tout dire!

RÉGINA.

Mon sort comme le vôtre, Otbert, d'ennui fut plein.
Que suis-je? une orpheline: Et vous? un orphelin.
Le ciel, nous unissant par nos douleurs communes,
Eût pu faire un bonheur de nos deux infortunes;
Mais...

OTBERT , tombant à genoux devant elle.

Mais je t'aimerai! mais je t'adorerai!
Mais je te servirai! si tu meurs, je mourrai !
Mais je tuerai Hatto, s'il ose te déplaire !
Mais je remplacerai, moi , ton père et ta mère!
Oui, tous les deux! j'en prends l'engagement sans peur.
Ton père? j'ai mon bras; ta mère? j'ai mon cœur!

RÉGINA.

O doux ami! merci! Je vois toute votre âme.
Vouloir comme un géant, aimer comme une femme,
C'est bien vous, mon Otbert; vous tout entier. Eh bien!
Vous ne pouvez , hélas ! rien pour moi.

OTBERT , *se relevant.*

Si !

RÉGINA.

Non, rien.

Ce n'est pas à Hatto qu'il faut qu'on me dispute.

Mon fiancé m'aura sans querelle et sans lutte;

Vous ne le vaincrez pas, vous si brave et si beau,

Car mon vrai fiancé, vois-tu, c'est le tombeau !

— Hélas ! puisque je touche à cette nuit profonde,

Je fais de ce que j'ai de meilleur en ce monde

Deux parts, l'une au Seigneur, l'autre pour vous. Je veux,

Ami, que vous posiez la main sur mes cheveux,

Et je vous dis, au seuil de mon heure suprême :

Otbert, mon âme à Dieu, mon cœur à vous. — Je t'aime !

EDWIGE , *entrant.*

Quelqu'un.

RÉGINA , *à Edwige.*

Viens.

Elle fait quelques pas vers la porte bâtarde, appuyée sur Edwige et sur Otbert.
Au moment d'entrer sous la porte, elle s'arrête et se retourne.

Oh ! mourir à seize ans, c'est affreux !

Quand nous aurions pu vivre, ensemble, aimés, heureux !

Mon Otbert, je veux vivre ! écoute ma prière !

Ne me laisse pas choir sous cette froide pierre !

La mort me fait horreur ! Sauve-moi, mon amant !

Est-ce que tu pourrais me sauver, dis, vraiment?

OTBERT.

Tu vivras!

Régina sort avec Edwige. La porte se referme. Otbert semble la suivre des yeux et lui parler, quoiqu'elle ait disparu.

Toi, mourir si jeune! Belle et pure!

Non, dussé-je au démon me donner, je le jure,

Tu vivras!

Apercevant Guanhumara qui est depuis quelques instants immobile au fond du théâtre.

Justement.

SCÈNE QUATRIÈME.

OTBERT, GUANHUMARA.

OTBERT, marchant droit à Guanhumara.

Guanhumara, ta main.
J'ai besoin de toi, viens.

GUANHUMARA.

Toi, passe ton chemin.

OTBERT.

Écoute-moi.

GUANHUMARA.

Tu vas me demander encore
Ton pays? ta famille?—Eh bien, si je l'ignore!—
Si ton nom est Otbert? si ton nom est Yorghi?
Pourquoi dans mon exil ton enfance a langui?
Si c'est au pays corse, ou bien en Moldavie,

Qu'enfant je te trouvai, nu, seul, cherchant ta vie?
Pourquoi dans ce château je t'ai dit de venir?
Pourquoi moi-même à toi j'ose m'y réunir,
En te disant pourtant de ne pas me connaître?
Pourquoi, bien que Régine ait fléchi notre maître,
Je garde au cou ma chaîne, et d'où vient qu'en tout lieu,
En tout temps, comme on fait pour accomplir un vœu,

Montrant son pied.

J'ai porté cet anneau que tu me vois encore?
Enfin si je suis corse, ou slave, ou juive, ou maure?
Je ne veux pas répondre et je ne dirai rien.
Livre-moi, si tu veux. Mais non, je le sais bien,
Tu ne trahiras pas, quoique nourrice amère,
Celle qui t'a nourri, qui t'a servi de mère.
Et puis la mort n'a rien qui puisse me troubler.

Elle veut passer outre. Il la retient.

OTBERT.

Mais ce n'est pas de moi que je veux te parler.
Dis-moi, toi qui sais tout, Régina...

GUANHUMARA.

Sera morte

Avant un mois.

Elle veut s'éloigner. Il l'arrête encore.

OTBERT.

Peux-tu la sauver?

GUANHUMARA.

Que m'importe!

Rêvant et se parlant à elle-même.

Oui, quand j'étais dans l'Inde au fond des bois, j'errais,
J'allais, étudiant, dans la nuit des forêts,
Blême, effrayante à voir, terrible aux lions mêmes,
Les herbes, les poisons, et les philtres suprêmes
Qui font qu'un trépassé redevient tout d'abord
Vivant, et qu'un vivant prend la face d'un mort.

OTBERT.

Peux-tu la sauver? dis.

GUANHUMARA.

Oui.

OTBERT.

Par pitié, par grâce,
Pour Dieu qui nous entend, par tes pieds que j'embrasse,
Sauve-la! guéris-la!

GUANHUMARA.

Si tout à l'heure ici,

Quand tes yeux contemplaient Régina, ton souci,
Hatto soudain était entré comme un orage,
Si devant toi, féroce et riant avec rage,
Il l'avait poignardée, elle, et jeté son corps
Au torrent qui rugit comme un tigre dehors;
Puis, si, te saisissant de sa main assassine,
Il t'avait exposé dans la ville voisine,
L'anneau d'esclave au pied, nu, mourant, attaché
Comme une chose à vendre au poteau du marché;
S'il t'avait en effet, toi soldat, toi, né libre,
Vendu, pour qu'on t'attelle aux barques sur le Tibre!
Suppose maintenant qu'après ce jour hideux,
La mort près de cent ans vous oubliât tous deux;
Après avoir erré de rivage en rivage,
Quand tu reviendrais vieux de ce long esclavage,
Que te resterait-il au cœur? Parle à présent.

OTBERT.

La vengeance, le meurtre, et la soif de son sang.

GUANHUMARA.

Eh bien! je suis le meurtre et je suis la vengeance.
Je vais, fantôme aveugle, au but marqué d'avance;

Je suis la soif du sang! Que me demandes-tu ?

D'avoir de la pitié, d'avoir de la vertu ,

De sauver des vivants? J'en ris lorsque j'y pense.

Tu dis avoir besoin de moi? Quelle imprudence!

Et si de mon côté, glaçant ton cœur d'effroi,

Je te disais aussi que j'ai besoin de toi ?

Que j'ai pour mes projets élevé ton enfance ?

Que je recule, moi, devant ton innocence ?

Recule donc alors, enfant que j'ai quitté,

Devant ma solitude et ma calamité ! —

Je viens de te conter mon histoire. Est-ce infâme ?

Seulement, c'est l'amant qu'on a tué; la femme,

—C'était moi,—fut vendue et survit; l'assassin

Survit aussi; tu peux servir à mon dessein.—

Oh ! j'ai gémi long-temps. Toute l'eau de la nue

A coulé sur mon front, et je suis devenue

Hideuse et formidable à force de souffrir.

J'ai vécu soixante ans de ce qui fait mourir,

De douleur; faim, misère, exil, pliaient ma tête;

J'ai vu le Nil, l'Indus, l'Océan, la tempète,

Et les immenses nuits des pôles étoilés;

De durs anneaux de fer dans ma chair sont scellés;

Vingt maîtres différents, moi, malade et glacée,

Moi, femme, à coups de fouet devant eux m'ont chassée.

Maintenant, c'est fini. Je n'ai plus rien d'humain,

Mettant la main sur son cœur.

Et je ne sens rien là quand j'y pose la main.

Je suis une statue et j'habite une tombe.

Un jour de l'autre mois, vers l'heure où le soir tombe,

J'arrivai, pâle et froide, en ce château perdu ;

Et je m'étonne encor qu'on n'ait pas entendu,

Au bruit de l'ouragan courbant les branches d'arbre,

Sur ce pavé fatal venir mes pieds de marbre.

Eh bien ! moi, dont jamais la haine n'a dormi,

Aujourd'hui, si je veux, je tiens mon ennemi,

Je le tiens ; il suffit, si je marque son heure,

D'un mot pour qu'il chancelle, et d'un pas pour qu'il meure !

Faut-il le répéter ? C'est toi, toi seul, qui peux

Me donner la vengeance ainsi que je la veux ;

Mais au moment d'atteindre à ce but si terrible,

Je me suis dit : Non ! non ! ce serait trop horrible !

Moi, qui touche à l'enfer, je me sens hésiter.

Ne viens pas me chercher ! ne viens pas me tenter !

Car, si nous en étions à des marchés semblables,

Je te demanderais des choses effroyables.

Dis, voudrais-tu tirer ton poignard du fourreau ?

Te faire meurtrier? — te ferais-tu bourreau? —
Tu frémis! va-t'en donc, cœur faible, bras débile!
Je ne te parle pas, mais laisse-moi tranquille!

OTBERT, pâle et baissant la voix.

Qu'exigerais-tu donc de moi?

GUANHUMARA.

Reste innocent.

Va-t'en!

OTBERT.

Pour la sauver, je donnerais mon sang.

GUANHUMARA.

Va-t'en!

OTBERT.

Je commettrais un crime. Es-tu contente?

GUANHUMARA.

Il me tente, démons! vous voyez qu'il me tente.
Eh bien! je le saisis! — Tu vas m'appartenir.
Ne perds pas désormais, quoi qu'il puisse advenir,
Ton temps à me prier. Mon âme est pleine d'ombre;
La prière se perd dans sa profondeur sombre.
Je te l'ai dit, je suis sans pitié, sans remord,
A moins de voir vivant celui que j'ai vu mort,

Donato que j'aimais ! — Et maintenant , écoute,
Je t'avertis au seuil de cette affreuse route,
Une dernière fois. Je te dis tout. — Il faut
Tuer quelqu'un , tuer comme sur l'échafaud,
Ici, qui je voudrai, quand je voudrai , sans grâce ,
Sans pardon !—Vois !

OTBERT.

Poursuis.

GUANHUMARA.

                    Chaque souffle qui passe
Pousse ta Régina vers la tombe. Sans moi
Elle est morte. Je puis seule la sauver. Voi
Ce flacon. Chaque soir qu'elle en boive une goutte,
Elle vivra.

OTBERT.

Grand Dieu ! dis-tu vrai ? donne !

GUANHUMARA.

                              Écoute.
Si demain tu la vois, grâce à cette liqueur,
Venir à toi, la vie au front, la joie au cœur,

Ange ressuscité, souriante figure,
Tu m'appartiens!

OTBERT, *éperdu.*

C'est dit.

GUANHUMARA.

Jure-le.

OTBERT.

Je le jure!

GUANHUMARA.

Ta Régina d'ailleurs me répondra de toi.
C'est elle qui paierait pour ton manque de foi.
Tu le sais, je connais cette antique demeure;
J'en sais tous les secrets; partout j'entre à toute heure!

OTBERT, *étendant la main pour saisir la fiole.*

Tu dis qu'elle vivra?

GUANHUMARA.

Oui. Songe à ton serment!

OTBERT.

Elle sera sauvée?

4

GUANHUMARA.

Oui. Songe qu'au moment

Où tu prendras ceci — je vais prendre ton âme.

OTBERT.

Donne et prends.

GUANHUMARA, lui remettant le flacon.

A demain !

OTBERT.

A demain.

Guanhumara sort.

OTBERT, seul.

Merci, femme!

Quel que soit ton projet, qui que tu sois, merci !

Ma Régina vivra! — Mais portons-lui ceci!

Il se dirige vers la porte bâtarde, puis s'arrête un moment et fixe son regard
sur la fiole.

Oh! que l'enfer me prenne, et qu'elle vive!

Il entre précipitamment sous la porte bâtarde qui se referme derrière lui.
Cependant on entend du côté opposé des rires et des chants qui semblent
se rapprocher. La grande porte s'ouvre à deux battants.

Entrent avec une rumeur de joie les princes et les burgraves conduits par Hatto, tous couronnés de fleurs, vêtus de soie et d'or, sans cottes de mailles, sans gambessons et sans brassards, et le verre en main. Ils causent, boivent et rient par groupes au milieu desquels circulent des pages portant des flacons pleins de vin, des aiguières d'or et des plateaux chargés de fruits. Au fond, des pertuisaniers immobiles et silencieux. Musiciens. Clairons, trompettes, hérauts d'armes.

SCÈNE CINQUIÈME.

LES BURGRAVES.

HATTO, GORLOIS, LE DUC GERHARD DE THURINGE, PLATON, margrave de Moravie; GILISSA, margrave de Lusace; ZOAGLIO GIANNILARO, noble génois; DARIUS, burgrave de Lahneck; CADWALLA, burgrave d'Okenfels; LUPUS, comte de Mons (tout jeune homme, comme Gorlois). Autres burgraves et princes, personnages muets, entre autres UTHER, pendragon des Bretons, et les frères de Hatto et de Gorlois. Quelques femmes parées. Pages, officiers, capitaines.

LE COMTE LUPUS, chantant.

L'hiver est froid, la bise est forte,
Il neige là-haut sur les monts. —
    Aimons, qu'importe!
    Qu'importe, aimons!

Je suis damné, ma mère est morte,
Mon curé me fait cent sermons. —

4.

Aimons, qu'importe !

Qu'importe, aimons !

Belzébuth , qui frappe à ma porte ,
M'attend avec tous ses démons. —
Aimons, qu'importe !
Qu'importe , aimons !

LE MARGRAVE GILISSA, se penchant à la fenêtre latérale, au comte Lupus.

Comte,
La grand'porte du burg et le chemin qui monte
Se voit d'ici.

LE MARGRAVE PLATON , examinant le délabrement de la salle.

Quel deuil et quelle vétusté !

LE DUC GERHARD , à Hatto.

On dirait un logis par les spectres hanté.

HATTO , désignant la porte du donjon.

C'est là qu'est mon aïeul.

LE DUC GERHARD.

Tout seul ?

HATTO.

Avec mon père.

LE MARGRAVE PLATON.

Pour t'en débarrasser comment as-tu pu faire ?

HATTO.

Ils ont fait leur temps.—Puis ils ont l'esprit troublé.
Voilà plus de deux mois que le vieux n'a parlé.
Il faut bien qu'à la fin la vieillesse s'efface.
Il a près de cent ans. — Ma foi, j'ai pris leur place.
Ils se sont retirés.

GIANNILARO.

D'eux-mêmes ?

HATTO.

A peu près.

Entre un capitaine.

LE CAPITAINE, à Hatto.

Monseigneur...

HATTO.

Que veux-tu?

LE CAPITAINE.

L'argentier juif Perez
N'a point encor payé sa rançon.

HATTO.

Qu'on le pende.

LE CAPITAINE.

Puis les bourgeois de Linz, dont la frayeur est grande,
Vous demandent quartier.

HATTO.

Pillez ! pays conquis.

LE CAPITAINE.

Et ceux de Rhens?

HATTO.

Pillez!

Le capitaine sort.

LE BURGRAVE DARIUS, abordant Hatto, le verre à la main.

Ton vin est bon, marquis!

Il boit.

HATTO.

Pardieu ! je le crois bien. C'est du vin d'écarlate.
La ville de Bingen, qui me craint et me flatte,
M'en donne tous les ans deux tonnes.

LE DUC GERHARD.

Régina,

Ta fiancée, est belle.

HATTO.

Ah ! l'on prend ce qu'on a.
Du côté maternel elle nous est parente.

LE DUC GERHARD.

Elle paraît malade?

HATTO.

Oh ! rien.

GIANNILARO , bas au duc Gerhard.

Elle est mourante.

Entre un capitaine.

LE CAPITAINE , bas à Hatto.

Des marchands vont passer demain.

HATTO, à haute voix.

Embusquez-vous.

Le capitaine sort. Hatto continue en se tournant vers les princes.

Mon père eût été là. Moi, je reste chez nous.
Jadis on guerroyait, maintenant on s'amuse.
Jadis c'était la force, à présent c'est la ruse.
Le passant me maudit; le passant dit : — Hatto
Et ses frères font rage en ce sombre château,

Palais mystérieux qu'assiégent les tempêtes.

Aux margraves, aux ducs, Hatto donne des fêtes,

Et fait servir, courbant leurs têtes sous ses pieds,

Par des princes captifs les princes conviés ! —

Eh bien! c'est un beau sort! On me craint, on m'envie.

Moi je ris ! — Mon donjon brave tout. — De la vie,

En attendant Satan, je fais un paradis :

Comme un chasseur ses chiens, je lâche mes bandits;

Et je vis très-heureux. — Ma fiancée est belle,

N'est-ce pas ?—A propos, ta comtesse Isabelle,

L'épouses-tu ?

LE DUC GERHARD.

Non.

HATTO.

Mais tu lui pris, l'an passé,

Sa ville, et lui promis d'épouser.

LE DUC GERHARD.

Je ne sai... —

Riant.

Ah oui! l'on me le fit jurer sur l'Évangile!

— Bon!—Je laisse la fille et je garde la ville.

Il rit.

HATTO, riant.

Mais que dit de cela la diète? —

LE DUC GERHARD, riant toujours.

Elle se tait.

HATTO.

Mais ton serment?...

LE DUC GERHARD.

Ah bah!

Depuis quelques instants la porte du donjon à droite s'est ouverte, et a laissé
voir quelques degrés d'un escalier sombre sur lesquels ont apparu deux
vieillards, l'un âgé d'un peu plus de soixante ans, cheveux gris, barbe
grise; l'autre, beaucoup plus vieux, presque tout à fait chauve avec une
longue barbe blanche; tous deux ont la chemise de fer, jambières et bras-
sières de mailles, la grande épée au côté, et, par-dessus leur habit de guerre,
le plus vieux porte une simarre blanche doublée de drap d'or, et l'autre une
grande peau de loup dont la gueule s'ajuste sur sa tête.

Derrière le plus vieux se tient debout, immobile comme une figure pétrifiée,
un écuyer à barbe blanche, vêtu de fer et élevant au-dessus de la tête du
vieillard une grande bannière noire sans armoiries.

Otbert, les yeux baissés, est auprès du plus vieux qui a le bras droit posé sur
son épaule, et se tient un peu en arrière.

Dans l'ombre, derrière chacun des deux vieux chevaliers, on aperçoit deux
écuyers habillés de fer comme leurs maîtres, et non moins vieux, dont la
barbe blanchie descend sous la visière à demi baissée de leurs heaumes.
Ces écuyers portent sur des coussins de velours écarlate les casques des
deux vieillards, grands morions de forme extraordinaire dont les cimiers
figurent des gueules d'animaux fantastiques.

Les deux vieillards écoutent en silence; le moins vieux appuie son menton
sur ses deux bras réunis et ses deux mains sur l'extrémité du manche
d'une énorme hache d'Écosse. Les convives, occupés et causant entre eux,
ne les ont pas aperçus.

SCÈNE SIXIÈME.

LES MÊMES, JOB, MAGNUS, OTBERT.

MAGNUS.

Jadis il en était
Des serments qu'on faisait dans la vieille Allemagne,
Comme de nos habits de guerre et de campagne;
Ils étaient en acier. — J'y songe avec orgueil. —
C'était chose solide et reluisante à l'œil,
Que l'on n'entamait point sans lutte et sans bataille,
A laquelle d'un homme on mesurait la taille,
Qu'un noble avait toujours présente à son chevet,
Et qui, même rouillée, était bonne, et servait.
Le brave mort dormait dans sa tombe humble et pure,
Couché dans son serment comme dans son armure,
Et le temps, qui des morts ronge le vêtement,
Parfois brisait l'armure et jamais le serment.
Mais aujourd'hui la foi, l'honneur et les paroles,

Ont pris le train nouveau des modes espagnoles.

Clinquant! soie!—Un serment, avec ou sans témoins,

Dure autant qu'un pourpoint, —parfois plus, souvent moins!—

S'use vite, et n'est plus qu'un haillon incommode

Qu'on déchire et qu'on jette en disant: Vieille mode!

A ces paroles de Magnus, tous se sont retournés avec stupeur. Moment de silence parmi les convives.

HATTO, *s'inclinant devant les vieillards.*

Mon père...

MAGNUS.

Jeunes gens, vous faites bien du bruit.

Laissez les vieux rêver dans l'ombre et dans la nuit.

La lueur des festins blesse leurs yeux sévères.

Les vieux choquaient l'épée; enfants! choquez les verres!

Mais loin de nous!

HATTO.

Seigneur...

En ce moment il aperçoit les portraits disposés sur le mur la face contre la pierre.

Mais qui donc?..

A Magnus.

Pardonnez.

Ces portraits! mes aïeux! qui les a retournés?

Qui s'est permis?..

MAGNUS.

C'est moi.

HATTO.

Vous?

MAGNUS.

Moi.

HATTO.

Mon père!...

LE DUC GERHARD, à Hatto.

Il raille!

MAGNUS, à Hatto.

Je les ai retournés tous contre la muraille
Pour qu'ils ne puissent voir la honte de leurs fils.

HATTO, furieux.

Barberousse a puni son grand-oncle Louis
Pour un affront moins grand. Puisqu'à bout on me pousse...

MAGNUS, tournant à demi la tête vers Hatto.

Il me semble qu'on a parlé de Barberousse.
Il me semble qu'on a loué ce compagnon.
Que devant moi jamais on ne dise ce nom!

LE COMTE LUPUS, riant.

Que vous a-t-il donc fait, bonhomme?

MAGNUS.

                           O nos ancêtres !
Restez, restez voilés ! — Ce qu'il m'a fait, mes maîtres ?
— Ne parlais-tu pas, toi, petit comte de Mons ? —
Descends les bords du Rhin, du lac jusqu'aux Sept-Monts,
Et compte les châteaux détruits sur les deux rives ? —
Ce qu'il m'a fait ? — Nos sœurs et nos filles captives,
Gibets impériaux bâtis pour les vautours
Sur nos rochers avec les pierres de nos tours,
Assauts, guerre et carnage à tous tant que nous sommes,
Carcans d'esclave au cou des meilleurs gentilshommes,
Voilà ce qu'il m'a fait ! — et ce qu'il vous a fait ! —
Trente ans, sous ce César qui toujours triomphait,
L'incendie et l'exil, les fers, mille aventures,
Les juges, les cachots, les greffiers, les tortures,
Oui, nous avons souffert tout cela ! nous avons,
Grand Dieu ! comme des juifs, comme des esclavons,
Subi ce long affront, cette longue victoire,
Et nos fils dégradés n'en savent plus l'histoire ! —
Tout pliait devant lui. — Quand Frédéric premier,
Masqué, mais couvert d'or du talon au cimier,
Surgissant au sommet d'une brèche enflammée,
Jetait son gantelet à toute notre armée,

Tout tremblait, tout fuyait, d'épouvante saisi.
Mon père seul un jour, —

Montrant l'autre vieillard.

       mon père que voici ! —
Lui barrant le chemin dans une cour étroite,
D'un trèfle au feu rougi lui flétrit la main droite ! —
O souvenirs ! ô temps ! tout s'est évanoui !
L'éclair a disparu de notre œil ébloui.
Les barons sont tombés; les burgs jonchent la plaine.
De toute la forêt il ne reste qu'un chêne,

S'inclinant devant le vieillard.

Et ce chêne, c'est vous, mon père vénéré !

Se redressant.

— Barberousse ! — Malheur à ce nom abhorré ! —
Nos blasons sont cachés sous l'herbe et les épines.
Le Rhin déshonoré coule entre des ruines ! —
Oh ! je nous vengerai ! — ce sera ma grandeur ! —
Sans trêve, sans merci, sans pitié, sans pudeur ,
Sur lui, s'il n'est pas mort, ou du moins sur sa race !
Rien ne m'empêchera de le frapper ! — Dieu fasse
Qu'avant d'être au tombeau mon cœur soit soulagé,
Que je ne meure pas avant d'être vengé !
Car, pour avoir enfin cette suprême joie,

Pour sortir de la tombe et ressaisir ma proie,

Pour pouvoir revenir sur terre après ma mort,

Jeunes gens, je ferais quelque exécrable effort !

Oui, que Dieu veuille ou non, le front haut, le cœur ferme,

Je veux, quelle que soit la porte qui m'enferme,

Porte du paradis ou porte de l'enfer,

La briser

Étendant le bras.

d'un seul coup de ce poignet de fer ! —

Il s'arrête, s'interrompt et reste un moment silencieux.

Hélas ! que dis-je là, moi, vieillard solitaire !

Il tombe dans une profonde rêverie, et semble ne plus rien entendre autour
de lui. Peu à peu la joie et la hardiesse renaissent parmi les convives.
Les deux vieillards semblent deux statues. Le vin circule et les rires
recommencent.

HATTO, bas au duc Gerhard en lui montrant les vieillards avec un
haussement d'épaules.

L'âge leur a troublé l'esprit.

GORLOIS, bas au comte Lupus en lui montrant Hatto.

Un jour mon père

Sera comme eux, et moi je serai comme lui.

HATTO, au duc.

Tous nos soldats leur sont dévoués. Quel ennui !

Cependant Gorlois et quelques pages se sont approchés de la fenêtre et
regardent au dehors. Tout à coup Gorlois se retourne.

GORLOIS, à Hatto.

Ha ! père, viens donc voir ce vieux à barbe blanche !

LE COMTE LUPUS, courant à la fenêtre.

Comme il monte à pas lents le sentier ! son front penche.

GIANNILARO, s'approchant.

Est-il las ?

LE COMTE LUPUS.

Le vent souffle aux trous de son manteau.

GORLOIS.

On dirait qu'il demande abri dans le château.

LE MARGRAVE GILISSA.

C'est quelque mendiant !

LE BURGRAVE CADWALLA.

Quelque espion !

LE BURGRAVE DARIUS.

Arrière !

HATTO, à la fenêtre.

Qu'on me chasse à l'instant ce drôle à coups de pierre !

LUPUS, GORLOIS et les pages jetant des pierres.

Va-t'en, chien !

MAGNUS , comme se réveillant en sursaut.

En quel temps sommes-nous, Dieu puissant!
Et qu'est-ce donc que ceux qui vivent à présent ?
On chasse à coups de pierre un vieillard qui supplie !

Les regardant tous en face.

De mon temps, — nous avions aussi notre folie,
Nos festins, nos chansons...—On était jeune, enfin! —
Mais qu'un vieillard, vaincu par l'âge et par la faim,
Au milieu d'un banquet, au milieu d'une orgie,
Vînt à passer, tremblant, la main de froid rougie,
Soudain on remplissait, cessant tout propos vain ,
Un casque de monnaie, un verre de bon vin.
C'était pour ce passant, que Dieu peut-être envoie !
Après, nous reprenions nos chants, car, plein de joie,
Un peu de vin au cœur, un peu d'or dans la main,
Le vieillard souriant poursuivait son chemin.
—Sur ce que nous faisions jugez ce que vous faites!

JOB , se redressant, faisant un pas, et touchant l'épaule de Magnus.

Jeune homme, taisez-vous.—De mon temps, dans nos fêtes,
Quand nous buvions, chantant plus haut que vous encor,
Autour d'un bœuf entier posé sur un plat d'or,
S'il arrivait qu'un vieux passât devant la porte ;

5

Pauvre, en haillons, pieds nus, suppliant; une escorte
L'allait chercher; sitôt qu'il entrait, les clairons
Éclataient; on voyait se lever les barons ;
Les jeunes, sans parler, sans chanter, sans sourire,
S'inclinaient, fussent-ils princes du saint-empire;
Et les vieillards tendaient la main à l'inconnu
En lui disant : Seigneur, soyez le bienvenu !

A Gorlois.

— Va querir l'étranger !

HATTO , s'inclinant.

Mais...

JOB , à Hatto.

Silence !

LE DUC GERHARD, à Job.

Excellence...

JOB , au duc.

Qui donc ose parler lorsque j'ai dit : Silence !

Tous reculent et se taisent. Gorlois obéit et sort.

OTBERT , à part.

Bien, comte! — ô vieux lion, contemple avec effroi
Ces chats-tigres hideux qui descendent de toi;

Mais s'ils te font enfin quelque injure dernière,
Fais-les frissonner tous en dressant ta crinière !

GORLOIS, rentrant, à Job.

Il monte, monseigneur.

JOB, à ceux des princes qui sont restés assis.

Debout !

A ses fils.

— Autour de moi !

A Gorlois.

Ici !

Aux hérauts et aux trompettes.

Sonnez, clairons, ainsi que pour un roi !

Fanfares. Les burgraves et les princes se rangent à gauche. Tous les fils et petits-fils de Job, à droite autour de lui. Les pertuisaniers au fond, avec la bannière haute.

Bien.

Entre par la galerie du fond un mendiant, qui paraît presque aussi vieux que le comte Job. Sa barbe blanche lui descend jusqu'au ventre. Il est vêtu d'une robe de bure brune à capuchon en lambeaux, et d'un grand manteau brun troué ; il a la tête nue, une ceinture de corde où pend un chapelet à gros grains, des chaussures de corde à ses pieds nus. Il s'arrête au haut du degré de six marches, et reste immobile, appuyé sur un long bâton noueux. Les pertuisaniers le saluent de la bannière et les clairons d'une nouvelle fanfare. Depuis quelques instants Gnanhumara a reparu à l'étage supérieur du promenoir, et elle assiste à toute la scène.

SCÈNE SEPTIÈME.

LES MÊMES, UN MENDIANT.

JOB, debout au milieu de ses enfants, au mendiant immobile sur le seuil.

Qui que vous soyez, avez-vous ouï dire
Qu'il est dans le Taunus, entre Cologne et Spire,
Sur un roc, près duquel les monts sont des coteaux,
Un château, renommé parmi tous les châteaux,
Et dans ce burg, bâti sur un monceau de laves,
Un burgrave fameux parmi tous les burgraves?
Vous a-t-on raconté que cet homme sans lois,
Tout chargé d'attentats, tout éclatant d'exploits,
Par la diète à Francfort, par le concile à Pise,
Mis hors du saint-empire et de la sainte-église,
Isolé, foudroyé, réprouvé, mais resté
Debout dans sa montagne et dans sa volonté,
Poursuit, provoque et bat, sans relâche et sans trêves,
Le comte palatin, l'archevêque de Trèves,

Et, depuis soixante ans, repousse d'un pied sûr
L'échelle de l'empire appliquée à son mur?
Vous a-t-on dit qu'il est l'asile de tout brave,
Qu'il fait du riche un pauvre, et du maître un esclave;
Et qu'au-dessus des ducs, des rois, des empereurs,
Aux yeux de l'Allemagne en proie à leurs fureurs,
Il dresse sur sa tour, comme un défi de haine,
Comme un appel funèbre aux peuples qu'on enchaîne,
Un grand drapeau de deuil, formidable haillon
Que la tempête tord dans son noir tourbillon?
Vous a-t-on dit qu'il touche à sa centième année,
Et qu'affrontant le ciel, bravant la destinée,
Depuis qu'il s'est levé sur son rocher, jamais,
Ni la guerre arrachant les burgs de leurs sommets,
Ni César furieux et tout-puissant, ni Rome,
Ni les ans, fardeau sombre, accablement de l'homme,
Rien n'a vaincu, rien n'a dompté, rien n'a ployé
Ce vieux titan du Rhin, Job l'Excommunié?
—Savez-vous cela?

LE MENDIANT.

Oui.

JOB.

Vous êtes chez cet homme.

Soyez le bienvenu, seigneur. C'est moi qu'on nomme
Job-le-Maudit.

Montrant Magnus.

Voici mon fils à mes genoux,

Montrant Hatto, Gorlois et les autres.

Et les fils de mon fils, qui sont moins grands que nous.
Ainsi notre espérance est bien souvent trompée.
Or, de mon père mort je tiens ma vieille épée,
De mon épée un nom qu'on redoute, et du chef
De ma mère je tiens ce manoir d'Heppenheff.
Nom, épée et château, tout est à vous, mon hôte.
Maintenant, parlez-nous, à cœur libre, à voix haute.

LE MENDIANT.

Princes, comtes, seigneurs, — vous, esclaves, aussi! —
J'entre et je vous salue, et je vous dis ceci :
Si tout est en repos au fond de vos pensées,
Si rien, en méditant vos actions passées,
Ne trouble vos cœurs, purs comme le ciel est bleu,
Vivez, riez, chantez ! — Sinon, pensez à Dieu!
Jeunes hommes, vieillards aux longues destinées,
— Vous, couronnés de fleurs; — vous, couronnés d'années, —
Si vous faites le mal sous la voûte des cieux,
Regardez devant vous et soyez sérieux.

Ce sont des instants courts et douteux que les nôtres;
L'âge vient pour les uns, la tombe s'ouvre aux autres.
Donc, jeunes gens, si fiers d'être puissants et forts,
Songez aux vieux; et vous, vieillards, songez aux morts!
Soyez hospitaliers surtout! C'est la loi douce.
Quand on chasse un passant, sait-on qui l'on repousse?
Sait-on de quelle part il vient?—Fussiez-vous rois,
Que le pauvre pour vous soit sacré! — Quelquefois,
Dieu, qui d'un souffle abat les sapins centenaires,
Remplit d'événements, d'éclairs et de tonnerres
Déjà grondant dans l'ombre à l'heure où nous parlons,
La main qu'un mendiant cache sous ses haillons!

FIN DE LA PREMIÈRE PARTIE.

DEUXIÈME PARTIE.

—

LE MENDIANT.

PERSONNAGES.

JOB.

MAGNUS.

HATTO.

GORLOIS.

OTBERT.

RÉGINA.

GUANHUMARA.

LES BURGRAVES ET LES PRINCES.

LES ESCLAVES.

UN MENDIANT.

PAGES, SOLDATS, ARCHERS, ARBALÉTRIERS.

DEUXIÈME PARTIE.

LA SALLE DES PANOPLIES.

A gauche une porte. Au fond une galerie à créneaux laissant voir le ciel.
Murailles de basalte nues. Ensemble rude et sévère. Armures complètes
adossées à tous les piliers.

Au lever du rideau, le mendiant est debout sur le devant de la scène, appuyé
sur un bâton, l'œil fixé en terre, et semble en proie à une rêverie dou-
loureuse.

SCÈNE PREMIÈRE.

LE MENDIANT.

Le moment est venu de frapper ce grand coup.
On pourrait tout sauver, mais il faut risquer tout.
Qu'importe, si Dieu m'aide!—Allemagne! ô patrie!
Que tes fils sont déchus, et de quels coups meurtrie,
Après ce long exil, je te retrouve, hélas!
Ils ont tué Philippe, et chassé Ladislas,
Empoisonné Heinrich! Ils ont, d'un front tranquille,
Vendu Cœur-de-Lion comme ils vendraient Achille!

O chute affreuse et sombre ! abaissement profond !
Plus d'unité. Les nœuds des états se défont.
Je vois dans ce pays, jadis terre des braves,
Des lorrains, des flamands, des saxons, des moraves,
Des francs, des bavarois, mais pas un allemand.
Le métier de chacun est vite fait, vraiment ;
C'est chanter pour le moine et prêcher pour le prêtre,
Pour le page porter la lance de son maître,
Pour le baron piller, et pour le roi dormir.
Ceux qui ne pillent pas ne savent que gémir,
Et, tremblant comme au temps des empereurs saliques,
Adorer une châsse et baiser des reliques !
On est féroce ou lâche ; on est vil ou méchant.
Le comte palatin, comme écuyer tranchant,
A la première voix au collége, après Trève ;
Il la vend. Du Seigneur on méconnaît la trève ;
Et le roi de Bohême, un slave ! est électeur.
Chacun veut se dresser de toute sa hauteur.
Partout le droit du poing, l'horreur, la violence.
Le soc qu'on foule aux pieds se change en fer de lance ;
Les faulx vont à la guerre et laissent la moisson.
L'incendie est partout. En chantant sa chanson,
Tout zingaro qui passe au seuil d'une chaumière,

Cache sous son manteau son briquet et sa pierre.

Les vandales ont pris Berlin. Ah! quel tableau!

Les païens à Dantzick! les mogols à Breslau!

Tout cela dans l'esprit en même temps me monte,

Pêle-mêle, au hasard; mais c'est horrible!...—ô honte!

Plus d'argent. Tout est mort, pays, cité, faubourg.

Comment finira-t-on la flèche de Strasbourg?

Par qui fait-on porter la bannière des villes?

Par des juifs enrichis dans les guerres civiles.

Abjection! — L'empire avait de grands piliers,

Hollande, Luxembourg, Clèves, Gueldres, Juliers...

—Croulés!— Plus de Pologne et plus de Lombardie!

Pour nous défendre au jour d'une attaque hardie,

Nous avons Ulm, Augsbourg, closes de mauvais pieux!

L'œuvre de Charlemagne et d'Othon-le-Pieux

N'est plus. Notre frontière à l'occident s'efface,

Car la Haute-Lorraine est aux comtes d'Alsace,

Et la Basse-Lorraine aux comtes de Louvain.

Plus d'ordre teutonique. Il ne reste à Gauvain

Que vingt-huit chevaliers et cent valets de guerre.

Cependant le Danois menace; l'Angleterre

Agite gibelins et guelfes; le lorrain

Trahit; le Brabant gronde; un feu couve à Turin;

Philippe-Auguste est fort; Gênes veut une somme;

L'interdit pend toujours; le saint-père dans Rome

Rêve, assis dans sa chaire, incertain et hautain;

Et pas de chef, grand Dieu! devant un tel destin!

Les électeurs épars, creusant chacun leur plaie,

Chacun de leur côté, couronnent qui les paie;

Et, comme un patient qui, sanglant, déchiré,

Meurt, par quatre chevaux lentement démembré,

D'Anvers à Ratisbonne, et de Lubeck à Spire,

Font par quatre empereurs écarteler l'empire! —

Allemagne! Allemagne! Allemagne! hélas!...

Sa tête tombe sur sa poitrine; il sort à pas lents par le fond du théâtre. Otbert, qui est entré depuis quelques instants, le suit des yeux. Le mendiant s'enfonce sous les arcades de la galerie.

Tout à coup le visage d'Otbert s'éclaire d'une expression de joie et de surprise. Régina apparaît au fond du théâtre, du côté opposé à celui par lequel le mendiant est sorti. Régina radieuse de bonheur et de santé.

SCÈNE DEUXIÈME.

OTBERT, RÉGINA.

OTBERT.

                          Quoi !
Régine, est-il possible ! est-ce vous que je voi ?

RÉGINA.

Otbert ! Otbert ! je vis, je parle, je respire ;
Mes pieds peuvent marcher, ma bouche peut sourire,
Je n'ai plus de souffrance et je n'ai plus d'effroi,
Je vis, je suis heureuse, et je suis toute à toi !

OTBERT, la contemplant.

O bonheur !

RÉGINA.

Cette nuit, j'ai dormi, mais—sans fièvre.
Ton nom, si j'ai parlé, seul entr'ouvrait ma lèvre.

Quel doux sommeil! vraiment, non, je n'ai pas souffert.

Quand le soleil levant m'a réveillée, Otbert,

Otbert! il m'a semblé que je me sentais naître.

Les passereaux joyeux chantaient sous ma fenêtre,

Les fleurs s'ouvraient, laissant leurs parfums fuir aux cieux;

Moi, j'avais l'âme en joie, et je cherchais des yeux

Tout ce qui m'envoyait une haleine si pure,

Et tout ce qui chantait dans l'immense nature;

Et je disais tout bas, l'œil inondé de pleurs :

O doux oiseaux, c'est moi! c'est bien moi, douces fleurs!

— Je t'aime, ô mon Otbert!

Elle se jette dans ses bras. Tirant le flacon de son sein.

Cette fiole est la vie.

Tu m'as guérie, Otbert! ami! tu m'as ravie

A la mort. Défends-moi de Hatto maintenant.

OTBERT.

Régina, ma beauté, mon ange rayonnant,

Ma joie! Oui je saurai terminer mon ouvrage.

Mais ne m'admire pas. Je n'ai pas de courage,

Je n'ai pas de vertu, je n'ai que de l'amour.

Tu vis! devant mes yeux je vois un nouveau jour.

Tu vis! je sens en moi comme une âme nouvelle.

Mais regarde-moi donc! ô mon Dieu, qu'elle est belle!
Vrai, tu ne souffres plus?

RÉGINA.

Non. Plus rien. C'est fini.

OTBERT.

Soyez béni, mon Dieu!

RÉGINA.

Mon Otbert, sois béni!

*Tous deux restent un moment silencieux se tenant embrassés. Puis Régina
s'arrache des bras d'Otbert.*

Mais le bon comte Job m'attend. — Mon bien suprême!
J'ai voulu seulement te dire que je t'aime.
Adieu.

OTBERT.

Reviens!

RÉGINA.

Bientôt. Mais je cours, il m'attend.

OTBERT, *tombant à genoux et levant les yeux au ciel.*

Merci, Seigneur, elle est sauvée!

Guanhumara apparaît au fond du théâtre.

SCÈNE TROISIÈME.

OTBERT, GUANHUMARA.

GUANHUMARA, posant la main sur l'épaule d'Otbert.

Es-tu content ?

OTBERT, avec épouvante.

Guanhumara !

GUANHUMARA.

Tu vois, j'ai tenu ma promesse.

OTBERT.

Je tiendrai mon serment.

GUANHUMARA.

Sans pitié ?

OTBERT.

Sans faiblesse.

A part.

Après, je me tûrai.

GUANHUMARA.

L'on t'attendra ce soir.

A minuit.

OTBERT.

Où ?

GUANHUMARA.

Devant la tour du drapeau noir.

OTBERT.

C'est un lieu redoutable, et personne n'y passe.
On dit que le rocher garde une sombre trace...

GUANHUMARA.

Une trace de sang, qui sur le mur descend
D'une fenêtre au bord du torrent.

OTBERT, avec horreur.

C'est du sang!

Tu le vois, le sang tache et brûle.

GUANHUMARA.

Le sang lave

Et désaltère.

OTBERT.

Allons! ordonne à ton esclave.

6.

Qui trouverai-je au lieu marqué?

GUANHUMARA.

Tu trouveras

Un homme masqué, — seul.

OTBERT.

Après?

GUANHUMARA.

Tu le suivras.

OTBERT.

C'est dit.

Guanhumara saisit vivement le poignard qu'Otbert porte à sa ceinture, le tire du fourreau et fixe sur la lame un regard terrible, puis ses yeux se relèvent vers le ciel.

GUANHUMARA.

O vastes cieux! ô profondeurs sacrées!
Morne sérénité des voûtes azurées!
O nuit dont la tristesse a tant de majesté!
Toi qu'en mon long exil je n'ai jamais quitté,
Vieil anneau de ma chaîne, ô compagnon fidèle,
Je vous prends à témoin; — et vous, murs, citadelle,
Chênes qui versez l'ombre aux pas du voyageur,
Vous m'entendez, — je voue à ce couteau vengeur

Fosco, baron des bois, des rochers et des plaines,
Sombre comme toi, nuit; vieux comme vous, grands chênes!

OTBERT.

Qu'est-ce que ce Fosco?

GUANHUMARA.

Celui qui doit mourir.

Elle lui remet le poignard.

De ta main. A ce soir.

*Elle sort par la galerie du fond sans voir Job et Régina, qui entrent du
côté opposé.*

OTBERT, seul.

Ciel!

SCÈNE QUATRIÈME.

OTBERT, RÉGINA, JOB.

RÉGINA.

*Elle entre en courant, puis se tourne vers le comte Job, qui la suit à
pas lents.*

Oui, je puis courir.

Voyez, seigneur.

*Elle s'approche d'Otbert, qui semble écouter encore les dernières paroles
de Guanhumara, et ne les a pas vus entrer.*

C'est nous, Otbert.

OTBERT, *comme éveillé en sursaut.*

Seigneur... comtesse...

JOB.

Ce matin je sentais redoubler ma tristesse.

Ce que ce mendiant, mon hôte, a dit hier

Passait à chaque instant en moi comme un éclair;

A Régina.

Puis je songeais à toi, que je voyais mourante;

A ta mère, ombre triste autour de nous errante... —

A Otbert.

Tout à coup dans ma chambre elle entre, cette enfant,
Fraîche, rose, le front joyeux, l'air triomphant.
Un miracle ! je ris, je pleure, je chancelle.
— Venez remercier sire Otbert, me dit-elle.
J'ai répondu : Courons remercier Otbert.
Nous avons traversé le vieux château désert...

RÉGINA, gaîment.

Et nous voici tous deux courant !

JOB, à Otbert.

                    Mais quel mystère ?
Ma Régina guérie !... Il ne faut rien me taire...
Comment donc as-tu fait pour la sauver ainsi ?

OTBERT.

C'est un philtre, un secret, qu'une esclave d'ici
M'a vendu.

JOB.

          Cette esclave est libre ! je lui donne
Cent livres d'or, des champs, des vignes ! Je pardonne
Aux condamnés à mort dans ce burg gémissants !

J'accorde la franchise à mille paysans,
Au choix de Régina.

Il leur prend les mains.

J'ai le cœur plein de joie!

Les regardant avec tendresse.

Puis il suffit aussi que tous deux je vous voie!

Il fait quelques pas vers le devant du théâtre et semble tomber dans une profonde rêverie.

C'est vrai, je suis maudit, je suis seul, je suis vieux !
— Je suis triste! — Au donjon qu'habitent mes aïeux
Je me cache, et là, morne, assis, muet et sombre,
Je regarde pensif autour de moi dans l'ombre.
Hélas! tout est bien noir. Je promène mes yeux
Au loin sur l'Allemagne, et n'y vois qu'envieux,
Tyrans, bourreaux, luttant de folie et de crime;
Pauvre pays, poussé par cent bras vers l'abîme,
Qui va tomber, si Dieu ne fait sur son chemin
Passer quelque géant qui lui tende la main !
Mon pays me fait mal. Je regarde ma race;
Ma maison, mes enfants... — Haine, bassesse, audace!
Hatto contre Magnus; Gorlois contre Hatto;
Et déjà sous le loup grince le louveteau.
Ma race me fait peur. Je regarde en moi-même.
— Ma vie, ô Dieu! — je tremble et mon front devient blême!

Tant chaque souvenir qu'évoque mon effroi
Prend un masque hideux en passant devant moi !
Oui, tout est noir.—Démons dans ma patrie en flamme,
Monstres dans ma famille et spectres dans mon âme !—
Aussi, lorsqu'à la fin mon œil troublé, que suit
La triple vision de cette triple nuit,
Cherchant le jour et Dieu, lentement se relève,
J'ai besoin, en sortant de l'abîme où je rêve,
De vous voir près de moi comme deux purs rayons,
Comme au seuil de l'enfer deux apparitions,
Vous, enfants dont le front de tant de clarté brille,
Toi, jeune homme vaillant ; toi, douce jeune fille ;
Vous qui semblez, vers moi quand vos yeux sont tournés,
Deux anges indulgents sur Satan inclinés !

OTBERT, à part.

Hélas !

RÉGINA.

O monseigneur !

JOB.

Enfants ! que je vous serre
Tous les deux dans mes bras !

A Otbert, en le regardant entre les deux yeux avec tendresse.

Ton regard est sincère.
On sent en toi le preux fidèle à son serment,
Comme l'aigle au soleil et le fer à l'aimant.
Tout ce qu'il a promis, cet enfant l'exécute,

A Régina.

N'est-ce pas?

RÉGINA.

Je lui dois la vie.

JOB.

Avant ma chute,
J'étais pareil à lui! grave, pur, chaste et fier
Comme une vierge et comme une épée.

Il va à la fenêtre.

Ah! cet air
Est doux, le ciel sourit et le soleil rassure.

Revenant à Régina et lui montrant Otbert.

Vois-tu, ma Régina, cette noble figure
Me rappelle un enfant, mon pauvre dernier-né.
Quand Dieu me le donna, je me crus pardonné.
Voilà vingt ans bientôt. — Un fils à ma vieillesse!
Quel don du ciel! J'allais à son berceau sans cesse.
Même quand il dormait, je lui parlais souvent;

Car quand on est très vieux, on devient très enfant.

Le soir sur mes genoux j'avais sa tête blonde... —

Je te parle d'un temps ! tu n'étais pas au monde.

— Il bégayait déjà les mots dont on sourit.

Il n'avait pas un an, il avait de l'esprit ;

Il me connaissait bien ! je ne peux pas te dire,

Il me riait ; et moi, quand je le voyais rire ,

J'avais, pauvre vieillard , un soleil dans le cœur !

J'en voulais faire un brave, un vaillant, un vainqueur;

Je l'avais nommé George...—Un jour,—pensée amère! —

Il jouait, dans les champs...—Oh! quand tu seras mère,

Ne laisse pas jouer tes enfants loin de toi !—

On me le prit.—Des juifs, une femme! Pourquoi ?

Pour l'égorger, dit-on, dans leur sabbat.—Je pleure,

Je pleure après vingt ans comme à la première heure.

Hélas! je l'aimais tant! C'était mon petit roi.

J'étais fou, j'étais ivre, et je sentais en moi

Tout ce que sent une âme en qui le ciel s'épanche,

Quand ses petites mains touchaient ma barbe blanche!

—Je ne l'ai plus revu! jamais!—Mon cœur se rompt !

A Otbert.

Il serait de ton âge. Il aurait ton beau front.

Il serait innocent comme toi. —Viens!— Je t'aime.

*Depuis quelques instants Guanhumara est entrée et observe du fond du théâ-
tre sans être vue. — Job presse Otbert dans un étroit embrassement, et
pleure.*

Parfois, en te voyant, je me dis : C'est lui-même !
Par un miracle étrange et charmant à la fois,
Tout en toi, ta candeur, ton air, tes yeux, ta voix,
En rappelant ce fils à mon âme affaiblie,
Fait que je m'en souviens et fait que je l'oublie.
Sois mon fils !

OTBERT.

Monseigneur !

JOB.

　　　　Sois mon fils. —Comprends-tu ?
Toi, brave enfant, épris d'honneur et de vertu,
Fils de rien, je le sais, et sans père ni mère,
Mais grand cœur, que remplit une grande chimère,
Sais-tu, quand je te dis : Jeune homme, sois mon fils !
Ce que je veux te dire et ce que je te dis ?
Je veux dire...

A Otbert et à Régina.

Écoutez.

　　　　...Que passer sa journée
Près d'un pauvre vieillard, face au tombeau tournée,

Du matin jusqu'au soir vivre comme en prison,
Quand on est belle fille et qu'on est beau garçon,
Ce serait odieux, affreux, contre-nature,
Si l'on ne pouvait pas, dans cette chambre obscure,
Par-dessus le vieillard, qui s'aperçoit du jeu,
Se regarder parfois et se sourire un peu.
Je dis que le vieillard en a l'âme attendrie,
Que je vois bien qu'on s'aime, — et que je vous marie!

RÉGINA, éperdue de joie.

Ciel!

JOB, à Régina.

Je veux achever ta guérison, moi!

OTBERT.

Quoi?

JOB, à Régina.

Ta mère était ma nièce et t'a léguée à moi.
Elle est morte. — Et j'ai vu, comme elle, disparaître,
Hélas! sept de mes fils, les plus vaillants peut-être,
Georges, mon doux enfant, envolé pour jamais,
Et ma dernière femme, et tout ce que j'aimais!
C'est la peine imposée à ceux qui long-temps vivent,

De voir sans cesse, ainsi que les mois qui se suivent,
Les deuils se succéder de saison en saison,
Et les vêtements noirs entrer dans la maison !
— Toi, du moins, sois heureuse ! — Enfants, je vous marie !
Hatto te briserait, ma pauvre fleur chérie !
Quand ta mère mourut, je lui dis : — Meurs en paix ;
Ta fille est mon enfant ; et, s'il le faut jamais,
Je donnerai mon sang pour elle ! —

RÉGINA.

O mon bon père !

JOB.

Je l'ai juré !

A Otbert.

      Toi, fils, va, grandis ! fais la guerre.
Tu n'as rien ; mais pour dot je te donne mon fief
De Kammerberg, mouvant de ma tour d'Heppenheff.
Marche comme ont marché Nemrod, César, Pompée !
J'ai deux mères, vois-tu, ma mère et mon épée.
Je suis bâtard d'un comte, et légitime fils
De mes exploits. Il faut faire comme je fis.

A part.

Hélas ! au crime près !

Haut.

Mon enfant, sois honnète

Et brave. Dès long-temps j'arrange dans ma tète
Ce mariage-là. Certe, on peut allier
Le franc-archer Otbert à Job, franc chevalier !
Tu t'étais dit — : Toujours je serai, quelle honte !
Le chien du vieux lion, le page du vieux comte.
Captif, tant qu'il vivra, près de lui ! — Sur ma foi,
Je t'aime, mon enfant, mais pour toi, non pour moi.
Oh ! les vieux ne sont pas si méchants qu'on le pense !
Voyons, arrangeons tout. Je crains Hatto. Silence !
Pas de rupture ici. L'on joûrait du couteau.

Baissant la voix.

Mon donjon communique aux fossés du château.

J'en ai les clefs. Otbert, ce soir, sous bonne garde,
Vous partirez tous deux. Le reste te regarde.

OTBERT.

Mais...

JOB, souriant.

Tu refuses ?

OTBERT.

Comte ! ah ! c'est le paradis

Que vous m'ouvrez !

JOB.

Alors fais ce que je te dis.

Plus un mot. Le soleil couché, vous fuirez vite.

J'empêcherai Hatto d'aller à ta poursuite;

Et vous vous marîrez à Caub.

Guanhumara, qui a tout entendu, sort. Il prend leurs bras à tous deux sous les siens et les regarde avec tendresse.

Mes amoureux,

Dites-moi seulement que vous êtes heureux.

Moi, je vais rester seul!

RÉGINA.

Mon père!

JOB.

Il faut me dire

Un dernier mot d'amour dans un dernier sourire.

Que deviendrai-je, hélas! quand vous serez partis?

Quand mon passé, mes maux, toujours appesantis,

Vont retomber sur moi?

A Régina.

Car, vois-tu, ma colombe,

Je soulève un moment ce poids, puis il retombe!

A Otbert.

Gunther, mon chapelain, vous suivra. J'ai l'espoir

Que tout ira bien. Puis, vous reviendrez me voir.

Un jour.—Ne pleurez pas! laissez-moi mon courage.

Vous êtes heureux, vous! Quand on s'aime à votre âge,

Qu'importe un vieux qui pleure! — Ah! vous avez vingt ans!

Moi, Dieu ne peut vouloir que je souffre long-temps.

Il s'arrache de leurs bras.

Attendez-moi céans.

A Otbert.

Tu connais bien la porte.

J'en vais chercher les clés, et je te les rapporte.

Il sort par la porte de gauche.

SCÈNE CINQUIÈME.

OTBERT, RÉGINA.

OTBERT, *le regardant sortir avec égarement.*

Juste ciel! tout se mêle en mon esprit troublé.
Fuir avec Régina! fuir ce burg désolé!
Oh! si je rêve, ayez pitié de moi, madame,
Ne me réveillez pas.—Mais c'est bien toi, mon âme!
Ange, tu m'appartiens! fuyons avant ce soir,
Fuyons dès à présent!—Si tu pouvais savoir!.. —
Là l'Éden radieux, derrière moi l'abîme!
Je fuis vers le bonheur, je fuis devant le crime!

RÉGINA.

Que dis-tu?

OTBERT.

Régina! ne crains rien. Je fuirai.
Mais mon serment! grand Dieu! Régina! j'ai juré!

Qu'importe! je fuirai, j'échapperai. Dieu juste,

Jugez-moi! Ce vieillard est bon, il est auguste,

Je l'aime! Viens, partons! Tout nous aide à la fois.

Rien ne peut empêcher notre fuite...

Pendant ces dernières paroles Guanhumara est rentrée par la galerie du fond. Elle conduit Hatto et lui montre du doigt Otbert et Régina qui se tiennent embrassés. Hatto fait un signe, et derrière lui arrivent en foule les princes, les burgraves et les soldats. Le marquis leur indique du geste les deux amants qui, absorbés dans leur contemplation d'eux-mêmes, ne voient rien et n'entendent rien. Tout à coup, au moment où Otbert se retourne en-traînant Régina, Hatto se dresse devant lui. Guanhumara a disparu.

SCÈNE SIXIÈME.

OTBERT, RÉGINA, HATTO, MAGNUS, GORLOIS.
LES BURGRAVES, LES PRINCES. GIANNILARO.
SOLDATS. PUIS LE MENDIANT. PUIS JOB.

HATTO, à Otbert.

Tu crois ?

RÉGINA.

Ciel! Hatto!

HATTO, aux archers.

Saisissez cet homme et cette femme.

OTBERT, tirant son épée et arrêtant du geste les soldats.

Marquis Hatto, je sais que tu n'es qu'un infâme.
Je te sais traître, impie, abominable et bas.
Je veux savoir aussi si l'on ne trouve pas
Au fond de ton cœur vil, cloaque d'immondices,
La peur, fange et limon que déposent les vices.

Je soupçonne, entre nous, que tu n'es qu'un poltron ;
Et que tous ces seigneurs, —meilleurs que toi, baron!—
Quand j'aurai secoué ton faux semblant d'audace,
Vont voir ta lâcheté te monter à la face !
Je représente ici, par son choix souverain,
Régina, fille noble et comtesse du Rhin.
Prince, elle te refuse, et c'est moi qu'elle épouse.
Hatto, je te défie, à pied, sur la pelouse
Auprès de la Wisper, à trois milles d'ici,
A toute arme, en champ clos, sans délai, sans merci,
Sans quartier, réservés d'armet et de bavière,
A face découverte, au bord de la rivière ;
Et l'on y jettera le vaincu. Tue ou meurs.

Régina tombe évanouie. Ses femmes l'emportent. Otbert barre le passage
aux archers, qui veulent s'approcher.

Que nul ne fasse un pas! je parle à ces seigneurs.

Aux princes.

Écoutez tous, marquis venus dans la montagne,
Duc Gerhard, sire Uther, pendragon de Bretagne,
Burgrave Darius, burgrave Cadwalla,
Je soufflette à vos yeux ce baron que voilà ;
Et j'invoque céans, pour châtier ses hontes,
Le droit des francs-archers par-devant les francs-comtes!

Il jette son gant au visage de Hatto. — Entre le Mendiant, confondu dans la foule des assistants.

HATTO.

Je t'ai laissé parler !

Bas à Zoaglio Giannilaro, qui est près de lui dans la foule des seigneurs.

Dieu sait, Giannilaro,
Que mon épée en tremble encor dans le fourreau !

A Otbert.

Maintenant, je te dis : Qui donc es-tu, mon brave ?
Parle, es-tu fils de roi, duc souverain, margrave,
Pour m'oser défier ? Dis ton nom seulement.
Le sais-tu ? Tu te dis l'archer Otbert.

Aux seigneurs.

Il ment.

A Otbert.

Tu mens. Ton nom n'est pas Otbert. Je vais te dire
D'où tu viens, d'où tu sors, ce que tu vaux ! — messire,
Ton nom est Yorghi Spadaceli. Tu n'es
Pas même gentilhomme. Allons ! je te connais.
Ton aïeul était corse et ta mère était slave.
Tu n'es qu'un vil faussaire, esclave et fils d'esclave.
Arrière !

Aux assistants.

Il est, seigneurs, des princes parmi vous.

S'ils prennent son parti, je les accepte tous,
Pied contre pied, partout, ici, dans l'avenue,
Deux poignards dans les mains, et la poitrine nue!

A Otbert.

Mais toi, vil brigand corse, échappé des makis,

Il pousse du pied le gant d'Otbert.

Jette aux valets ton gant!

OTBERT.

Misérable!

LE MENDIANT, faisant un pas, à Hatto.

Marquis!

J'ai quatre-vingt-douze ans, mais je te tiendrai tête.
— Une épée!

Il jette son bâton et prend l'épée de l'une des panoplies suspendues au mur.

HATTO, éclatant de rire.

Un bouffon manquait à cette fête.
Le voici, messeigneurs. D'où sort ce compagnon?
Nous tombons du bohême au mendiant.

Au mendiant.

Ton nom?

LE MENDIANT.

Frédéric de Souabe, empereur d'Allemagne.

MAGNUS.

Barberousse!...

Étonnement et stupeur. Tous s'écartent et forment une sorte de grand cercle autour du mendiant, qui dégage de ses haillons une croix attachée à son cou et l'élève de sa main droite, la gauche appuyée sur l'épée piquée en terre.

LE MENDIANT.

Voici la croix de Charlemagne.

Tous les yeux se fixent sur la croix. Moment de silence. Il reprend.

Moi Frédéric, seigneur du mont où je suis né,
Élu roi des Romains, empereur couronné,
Porte-glaive de Dieu, roi de Bourgogne et d'Arles,
J'ai violé la tombe où dormait le grand Charles;
J'en ai fait pénitence; et, le genou plié,
J'ai vingt ans au désert pleuré, gémi, prié.
Vivant de l'eau du ciel et de l'herbe des roches,
Fantôme dont le pâtre abhorrait les approches,
Le monde entier m'a cru descendu chez les morts.
Mais j'entends mon pays qui m'appelle; je sors
De l'ombre où je songeais, exilé volontaire.
Il est temps de lever ma tête hors de terre.
Me reconnaissez-vous?

MAGNUS, *s'approchant.*

Ton bras, César romain?

LE MENDIANT.

Le trèfle qu'un de vous m'imprima sur la main ?

Il présente son bras à Magnus.

Vois.

*Magnus s'incline, examine attentivement les bras du mendiant, puis se
redresse.*

MAGNUS, aux assistants.

Je déclare ici, la vérité m'y pousse,
Que voici l'empereur Frédéric Barberousse.

*La stupeur est au comble. Le cercle s'élargit. L'empereur, appuyé sur la
grande épée, se tourne vers les assistants, et promène sur eux des regards
terribles.*

L'EMPEREUR.

Vous m'entendiez jadis marcher dans ces vallons,
Lorsque l'éperon d'or sonnait à mes talons.
Vous me reconnaissez, burgraves. — C'est le maître.
Celui qui subjugua l'Europe, et fit renaître
L'Allemagne d'Othon, reine au regard serein ;
Celui que choisissaient pour juge souverain,
Comme bon empereur, comme bon gentilhomme,
Trois rois dans Mersebourg et deux papes dans Rome,
Et qui donna, touchant leurs fronts du sceptre d'or,
La couronne à Suénon, la tiare à Victor ;

Celui qui des Hermann renversa le vieux trône ;
Qui vainquit tour à tour, en Thrace et dans Icône,
L'empereur Isaac et le calife Arslan ;
Celui qui, comprimant Gênes, Pise, Milan,
Etouffant guerres, cris, fureurs, trahisons viles,
Prit dans sa large main l'Italie aux cent villes ;
Il est là qui vous parle. Il surgit devant vous !

Il fait un pas. Tous reculent.

—J'ai su juger les rois, je sais traquer les loups. —
J'ai fait pendre les chefs des sept cités lombardes ;
Albert-l'Ours m'opposait dix mille hallebardes,
Je le brisai ; mes pas sont dans tous les chemins ;
J'ai démembré Henri-le-Lion de mes mains,
Arraché ses duchés, arraché ses provinces,
Puis avec ses débris j'ai fait quatorze princes ;
Enfin j'ai, quarante ans, avec mes doigts d'airain,
Pierre à pierre émietté vos donjons dans le Rhin !
Vous me reconnaissez, bandits ! — Je viens vous dire
Que j'ai pris en pitié les douleurs de l'empire,
Que je vais vous rayer du nombre des vivants,
Et jeter votre cendre infâme aux quatre vents !

Il se tourne vers les archers.

Vos soldats m'entendront ! Ils sont à moi. J'y compte.

Ils étaient à la gloire avant d'être à la honte.

C'est sous moi qu'ils servaient avant ces temps d'horreur,

Et plus d'un se souvient de son vieil empereur.

N'est-ce pas, vétérans ? N'est-ce pas, camarades ?

Aux burgraves.

Ah ! mécréants ! félons ! ravageurs de bourgades !

Ma mort vous fait renaître. Eh bien ! touchez, voyez,

Entendez ! c'est bien moi !

Il marche à grands pas au milieu d'eux. Tous s'écartent devant lui.

Sans doute vous croyez

Être des chevaliers ! Vous vous dites : — Nous sommes

Les fils des grands barons et des grands gentilshommes.

Nous les continuons. — Vous les continuez ?

Vos pères, toujours fiers, jamais diminués,

Faisaient la grande guerre; ils se mettaient en marche,

Ils enjambaient les ponts dont on leur brisait l'arche,

Affrontaient le piquier ainsi que l'escadron,

Faisaient, musique en tête et sonnant du clairon,

Face à toute une armée et tenaient la campagne,

Et, si haute que fût la tour ou la montagne,

N'avaient besoin, pour prendre un château rude et fort,

Que d'une échelle en bois, pliant sous leur effort,

Dressée au pied des murs d'où ruisselait le soufre,

Ou d'une corde à nœuds qui, dans l'ombre du gouffre,
Balançait ces guerriers, moins hommes que démons,
Et que le vent la nuit tordait au flanc des monts !
Blâmait-on ces assauts de nuit, ces capitaines
Défiaient l'empereur, au grand jour, dans les plaines ;
Puis attendaient, debout dans l'ombre, un contre vingt,
Que le soleil parût et que l'empereur vînt !
C'est ainsi qu'ils gagnaient châteaux, villes et terres ;
Si bien qu'il se trouvait qu'après trente ans de guerres,
Quand on cherchait des yeux tous ces faiseurs d'exploits,
Les petits étaient ducs, et les grands étaient rois ! —
Vous ! — comme des chacals et comme des orfraies,
Cachés dans les taillis et dans les oseraies,
Vils, muets, accroupis, un poignard à la main,
Dans quelque mare immonde au bord du grand chemin,
D'un chien qui peut passer redoutant les morsures,
Vous épiez le soir, près des routes peu sûres,
Le pas d'un voyageur, le grelot d'un mulet ;
Vous êtes cent pour prendre un pauvre homme au collet ;
Le coup fait, vous fuyez en hâte à vos repaires... —
Et vous osez parler de vos pères ! — Vos pères,
Hardis parmi les forts, grands parmi les meilleurs,
Étaient des conquérants ; vous êtes des voleurs !

Les burgraves baissent la tête avec une sombre expression d'abattement,
d'indignation et d'épouvante. Il poursuit.

Si vous aviez des cœurs, si vous aviez des âmes,

On vous dirait : Vraiment, vous êtes trop infâmes !

Quel moment prenez-vous, lâchement enhardis,

Pour faire, vous, barons, ce métier de bandits ?

L'heure où notre Allemagne expire !... Ignominie !

Fils méchants, vous pillez la mère à l'agonie !

Elle pleure, et levant au ciel ses bras roidis,

Sa voix faible en râlant vous dit : Soyez maudits !

Ce qu'elle dit tout bas, je le crie à voix haute.

Je suis votre empereur, je ne suis plus votre hôte.

Soyez maudits ! je rentre en mes droits aujourd'hui,

Et, m'étant châtié, puis châtier autrui.

Il aperçoit les deux margraves Platon et Gilissa et marche droit à eux.

Marquis de Moravie et marquis de Lusace,

Vous sur les bords du Rhin ! est-ce là votre place ?

Tandis que ces bandits vous fêtent en riant,

On entend des chevaux hennir à l'orient.

Les hordes du Levant sont aux portes de Vienne.

Aux frontières, messieurs ! allez ! Qu'il vous souvienne

De Henri le-Barbu, d'Ernest-le-Cuirassé.

Nous gardons le créneau ; vous gardez le fossé !

Allez !

Apercevant Zoaglio Giannilaro.

Giannilaro ! ta figure me gêne.

Que viens-tu faire ici ? Génois, retourne à Gêne !

Au pendragon de Bretagne.

Que nous veut sire Uther ? Quoi! des bretons aussi !

Tous les aventuriers du monde sont ici !

Aux deux marquis Platon et Gilissa.

Les margraves paîront cent mille marcs d'amende.

Au comte Lupus.

Grande jeunesse; mais perversité plus grande.

Tu n'es plus rien! je mets ta ville en liberté.

Au duc Gerhard.

La comtesse Isabelle a perdu sa comté ;

Le larron, c'est toi, duc! Tu t'en iras à Bâle ;

Nous y convoquerons la chambre impériale ,

Et là publiquement, prince, tu marcheras

Une lieue en portant un juif entre tes bras.

Aux soldats.

Délivrez les captifs ! et de leurs mains d'esclaves

Qu'ils attachent leur chaîne au cou de ces burgraves!

Aux burgraves.

Ah ! vous n'attendiez point ce réveil, n'est-ce pas ?

Vous chantiez, verre en main, l'amour, les longs repas;

Vous poussiez de grands cris et vous étiez en joies;

Vous enfonciez gaîment vos ongles dans vos proies;

Vous déchiriez mon peuple, hélas! qui m'est si cher,

Et vous vous partagiez les lambeaux de sa chair!

Tout à coup... Tout à coup, dans l'antre inaccessible,

Le vengeur indigné, frissonnant et terrible,

Apparaît; l'empereur met le pied sur vos tours,

Et l'aigle vient s'abattre au milieu des vautours!

Tous semblent frappés de consternation et de terreur. Depuis quelques in-
stants Job est entré et s'est mêlé en silence aux chevaliers. Magnus seul a
écouté l'empereur sans trouble, et n'a cessé de le regarder fixement pendant
qu'il a parlé. Quand Barberousse a fini, Magnus le regarde encore une fois
de la tête aux pieds, puis son visage prend une sombre expression de joie
et de fureur.

MAGNUS, l'œil fixé sur l'empereur,

Oui, c'est bien lui! — vivant!

Il écarte d'un geste formidable les soldats et les princes, marche au fond du
théâtre, franchit en deux pas le degré de six marches, saisit de ses deux
poings les créneaux de la galerie, et crie au dehors d'une voix tonnante :

Triplez les sentinelles!

Haut le pont! bas la herse! Armez les mangonneaux!

Mille hommes au ravin! mille hommes aux créneaux!

Soldats! courez au bois, taillez granits et marbres,

Prenez les plus grands blocs, prenez les plus grands arbres,

Et sur ce mont, qui jette au monde la terreur,

Faites-nous un gibet digne d'un empereur !

Il redescend.

Il s'est livré lui-même. Il est pris!

Croisant les bras et regardant l'empereur en face.

Je t'admire !

Où sont tes gens? Où sont les fourriers de l'empire?

Entendrons-nous bientôt tes trompettes sonner ?

Vas-tu, sur ce donjon que tu dois ruiner,

Semer, dans les débris où sifflera la bise,

Du sel comme à Lubeck, du chanvre comme à Pise?

Mais quoi? je n'entends rien. Serais-tu seul ici?

Pas d'armée, ô César! Je sais que c'est ainsi

Que tu fais d'ordinaire, et que c'est de la sorte

Que, l'épée à la main, seul, brisant une porte,

Criant tout haut ton nom, tu pris Tarse et Cori ;

Il t'a suffi d'un pas, il t'a suffi d'un cri

Pour forcer Gêne, Utrecht, et Rome abâtardie;

Iconium plia sous toi; la Lombardie

Trembla, quand elle vit, à ton souffle d'enfer,

Frissonner dans Milan l'arbre aux feuilles de fer;

Nous savons tout cela; mais sais-tu qui nous sommes?

Montrant les soldats.

Je t'écoutais parler tout à l'heure à ces hommes,

Leur dire : Vétérans, camarades ! — Fort bien ! —
Pas un n'a bougé ! vois. C'est qu'ici tu n'es rien.
C'est mon père qu'on craint, c'est mon père qu'on aime.
Ils sont au comte Job avant d'être à Dieu même !
L'hôte seul est sacré, César, pour le bandit.
Or, tu n'es plus notre hôte, et toi-même l'as dit.

Montrant Job.

Écoute, ce vieillard que tu vois, c'est mon père.
C'est lui qui t'a flétri du fer triangulaire,
Et l'on te reconnaît aux marques de l'affront
Mieux qu'à l'huile sacrée effacée à ton front !
La haine entre vous deux est comme vous ancienne.
Tu mis à prix sa tête, il mit à prix la tienne ;
Il la tient. Te voilà seul et nu parmi nous.
Fritz de Hohenstaufen ! regarde-nous bien tous !
Plutôt que d'être entré, car vraiment tu me touches,
Dans ce cercle muet de chevaliers farouches,
Darius, Cadwalla, Gorlois, Hatto, Magnus,
Chez le grand comte Job, burgrave du Taunus,
Il vaudrait mieux pour toi, — roi de Bourgogne et d'Arles,
Empereur, qui ne sais pas même à qui tu parles,
Que rien qu'à sa folie on aurait reconnu, —

8

Il vaudrait mieux, plutôt que d'être ici venu,
Être entré, quand la nuit tend ses voiles funèbres,
Dans quelque antre d'Afrique, et parmi les ténèbres,
Voir soudain des lions et des tigres, ô roi,
Sortir de toutes parts de l'ombre autour de toi !

Pendant que Magnus a parlé, le cercle des burgraves s'est resserré lentement autour de l'empereur. Derrière les burgraves est venu se ranger silencieusement une triple ligne de soldats armés jusqu'aux dents, au-dessus desquels s'élève la grande bannière du burg mi-partie rouge et noire, avec une hache d'argent brodée dans le champ en gueules, et cette légende sous la hache : Monti comam, viro caput. L'empereur, sans reculer d'un pas, tient cette foule en respect. Tout à coup, quand Magnus a fini, l'un des burgraves tire son épée.

CADWALLA, *tirant son épée.*

César ! César ! César ! rends-nous nos citadelles !

DARIUS, *tirant son épée.*

Nos burgs, qui ne sont plus que des nids d'hirondelles !

HATTO, *tirant son épée.*

Rends-nous nos amis morts, qui hantent nos donjons
Quand l'âpre vent des nuits pleure à travers les joncs !

MAGNUS, *saisissant sa hache.*

Ah ! tu sors du sépulcre ! eh bien ! je t'y repousse,
Afin qu'au même instant,—tu comprends, Barberousse,—

Où le monde entendra cent voix avec transport
Crier : Il est vivant ! l'écho dise : Il est mort !
—Tremble donc, insensé qui menaçais nos têtes !

Les burgraves, l'épée haute, pressant Barberousse avec des cris formidables.
Job sort de la foule et lève la main. Tous se taisent.

JOB, à l'empereur.

Sire, mon fils Magnus vous a dit vrai. Vous êtes
Mon ennemi. C'est moi qui, soldat irrité,
Jadis portai la main sur votre majesté.
Je vous hais.—Mais je veux une Allemagne au monde.
Mon pays plie et penche en une ombre profonde.
Sauvez-le ! Moi, je tombe à genoux en ce lieu
Devant mon empereur que ramène mon Dieu !

Il s'agenouille devant Barberousse, puis se tourne à demi vers les princes et
les burgraves.

A genoux tous ! — Jetez à terre vos épées !

Tous jettent leurs épées et se prosternent, excepté Magnus. Job, à genoux,
parle à l'empereur.

Vous êtes nécessaire aux nations frappées ;
Vous seul ! Sans vous l'état touche aux derniers moments.
Il est en Allemagne encor deux allemands ;
Vous et moi. — Vous et moi, cela suffira, sire.

Régnez.

Quant à ceux-ci, je les ai laissés dire.
Excusez-les ; ce sont des jeunes gens.

A Magnus, qui est resté debout.

Magnus !

Magnus, en proie à une sombre irrésolution, semble hésiter. Son père fait un geste. Il tombe à genoux. Job poursuit.

Toujours barons et serfs, fronts casqués et pieds nus,
Chasseurs et laboureurs ont échangé des haines ;
Les montagnes toujours ont fait la guerre aux plaines ;
Vous le savez. Pourtant, j'en conviens sans effort,
Les barons ont mal fait, les montagnes ont tort !

Se relevant. Aux soldats.

Qu'on mette en liberté les captifs.

Les soldats obéissent en silence et détachent les chaines des prisonniers, qui, pendant cette scène, sont venus se grouper dans la galerie, au fond du théâtre. Job reprend.

Vous, burgraves,
Prenez, César le veut, leurs fers et leurs entraves.

Les burgraves se relèvent avec indignation. Job les regarde avec autorité.

— Moi, d'abord.

Il fait signe à un soldat de lui mettre au cou un des colliers de fer. Le soldat

baisse la tête et détourne les yeux. Job lui fait signe de nouveau. Le soldat
obéit. Les autres burgraves se laissent enchaîner sans résistance. Job, la
chaîne au cou, se tourne vers l'empereur.

Nous voilà comme tu nous voulais,
Très-auguste empereur. Dans son propre palais
Le vieux Job est esclave et t'apporte sa tête.
Maintenant, si des fronts qu'a battus la tempête
Méritent la pitié, mon maître, écoutez-moi.
Quand vous irez combattre aux frontières, ô roi,
Laissez-nous,—faites-nous cette grâce dernière, —
Vous suivre, troupe armée et pourtant prisonnière.
Nous garderons nos fers; mais, tristes et soumis,
Mettez-nous face à face avec vos ennemis,
Devant les plus hardis, devant les plus barbares ;
Et quels qu'ils soient, hongrois, vandales, magyares,
Fussent-ils plus nombreux que ne sont sur la mer
Les grêles du printemps et les neiges d'hiver,
Fussent-ils plus épais que les blés sur la plaine,
Vous nous verrez, flétris, l'œil baissé, l'âme pleine
De ce regret amer qui se change en courroux,
Balayer — j'en réponds ! — ces hordes devant vous,
Terribles, enchaînés, les mains de sang trempées,

Forçats par nos carcans, héros par nos épées!

LE CAPITAINE DES ARCHERS DU BURG , s'avançant vers Job,
et s'inclinant pour prendre ses ordres.

Seigneur...

Job secoue la tête et lui fait signe du doigt de s'adresser à l'empereur, silen-
cieux et immobile au milieu du théâtre. Le capitaine se tourne vers l'em-
pereur et le salue profondément.

Sire...

L'EMPEREUR , désignant les burgraves.

Aux prisons!

Les soldats emmènent les barons, excepté Job, qui reste sur un signe de l'em-
pereur. Tous sortent. Quand ils sont seuls, Frédéric s'approche de Job et
détache sa chaîne. Job se laisse faire avec stupeur. Moment de silence.

L'EMPEREUR, regardant Job en face.

Fosco!

JOB, tressaillant avec épouvante.

Ciel!

L'EMPEREUR, le doigt sur la bouche.

Pas de bruit.

JOB, à part.

Dieu !

L'EMPEREUR.

Va ce soir m'attendre où tu vas chaque nuit.

FIN DE LA DEUXIÈME PARTIE.

TROISIÈME PARTIE.

LE CAVEAU PERDU.

PERSONNAGES.

JOB.

OTBERT.

REGINA.

GUANHUMARA.

L'EMPEREUR.

TROISIÈME PARTIE.

Un caveau sombre, à voûte basse et cintrée, d'un aspect humide et hideux. Quelques lambeaux d'une tapisserie rongée par le temps pendent à la muraille. A droite, une fenêtre dans le grillage de laquelle on distingue trois barreaux brisés et comme violemment écartés. A gauche, un banc et une table de pierre grossièrement taillés. Au fond, dans l'obscurité, une sorte de galerie dont on entrevoit les piliers soutenant les retombées des archivoltes.

Il est nuit; un rayon de lune entre par la fenêtre et dessine une forme droite et blanche sur le mur opposé.

Au lever du rideau Job est seul dans le caveau, assis sur le banc de pierre, et semble en proie à une méditation sombre. Une lanterne allumée est posée sur la dalle à ses pieds. Il est vêtu d'une sorte de sac en bure grise.

SCÈNE PREMIÈRE.

JOB, seul.

Que m'a dit l'empereur? et qu'ai-je répondu?
Je n'ai pas compris.—Non.—J'aurai mal entendu.
Depuis hier en moi je ne sens qu'ombre et doute.

Je marche en chancelant, comme au hasard ; ma route
S'efface sur mes pas ; je vais, triste vieillard ;
Et les objets réels, perdus sous un brouillard,
Devant mon œil troublé, qui dans l'ombre en vain plonge,
Tremblent derrière un voile ainsi que dans un songe.

Rêvant.

Le démon joue avec l'esprit des malheureux.
Oui, c'est sans doute un rêve.—Oui, mais il est affreux !
Hélas ! dans notre cœur, percé de triples glaives,
Lorsque la vertu dort, le crime fait les rêves.
Jeune, on rêve au triomphe, et vieux au châtiment.
Deux songes aux deux bouts du sort.—Le premier ment.
Le second dit-il vrai ?

Moment de silence.

   Ce que je sais pour l'heure,
C'est que tout a croulé dans ma haute demeure.
Frédéric Barberousse est maître en ma maison.
O douleur !— C'est égal ! j'ai bien fait, j'ai raison,
J'ai sauvé mon pays ; j'ai sauvé le royaume.

Rêvant.

—L'empereur !—Nous étions l'un pour l'autre un fantôme ;
Et nous nous regardions d'un œil presque ébloui
Comme les deux géants d'un monde évanoui !

Nous restons en effet seuls tous deux sur l'abîme ;
Nous sommes du passé la double et sombre cime ;
Le nouveau siècle a tout submergé ; mais ses flots
N'ont point couvert nos fronts, parce qu'ils sont trop hauts !

S'enfonçant dans sa rêverie.

L'un des deux va tomber. C'est moi. L'ombre me gagne.
O grand événement ! chute de ma montagne !
Demain, le Rhin mon père au vieux monde allemand
Contera ce prodige et cet écroulement,
Et comment a fini, rude et fière secousse,
Le grand duel du vieux Job et du vieux Barberousse.
Demain, je n'aurai plus de fils, plus de vassaux.
Adieu la lutte immense ! adieu les noirs assauts !
Adieu gloire ! Demain, j'entendrai, si j'écoute,
Les passants me railler et rire sur la route ;
Et tous verront ce Job, qui, cent ans souverain,
Pied à pied défendit chaque roche du Rhin,
— Job qui, malgré César, malgré Rome, respire, —
Vaincu, rongé vivant par l'aigle de l'empire,
Et, colosse gisant dont on peut s'approcher,
Cloué, dernier burgrave, à son dernier rocher ! —

Il se lève.

Quoi! c'est le comte Job! quoi, c'est moi qui succombe!.. —
Silence, orgueil ! tais-toi du moins dans cette tombe!

Il promène ses regards autour de lui.

C'est ici, sous ces murs qu'on dirait palpitants,
Qu'en une nuit pareille... — Oh! voilà bien long-temps,
Et c'est toujours hier! Horreur !

Il retombe sur le banc de pierre, se cache le visage de ses deux mains et pleure.

        Sous cette voûte,
Depuis ce jour, mon crime a sué goutte à goutte
Cette sueur de sang qu'on nomme le remords.
C'est ici que je parle à l'oreille des morts.
Depuis lors l'insomnie, ô Dieu ! des nuits entières,
M'a mis ses doigts de plomb dans le creux des paupières ;
Ou, si je m'endormais, versant un sang vermeil,
Deux ombres traversaient sans cesse mon sommeil.

Se levant en s'avançant sur le devant de la scène.

Le monde m'a cru grand ; dans l'oubli du tonnerre,
Ces monts ont vu blanchir leur bandit centenaire;
L'Europe m'admirait debout sur nos sommets ;
Mais, quoi que puisse faire un meurtrier, jamais
Sa conscience en deuil n'est dupe de sa gloire.

Les peuples me croyaient ivre de ma victoire ;

Mais la nuit,—chaque nuit! et pendant soixante ans!—

Morne, ici je pliais mes genoux pénitents !

Mais ces murs, noir repli de ce burg si célèbre,

Voyaient l'intérieur indigent et funèbre

De ma fausse grandeur, pleine de cendre, hélas !

Les clairons devant moi jetaient de longs éclats ;

J'étais puissant ; j'allais, levant haut ma bannière,

Comte chez l'empereur, lion dans ma tanière ;

Mais, tandis qu'à mes pieds tout n'était que néant,

Mon crime, nain hideux, vivait en moi, géant,

Riait quand on louait ma tête vénérable,

Et, me mordant au cœur, me criait : Misérable !

Levant les mains au ciel.

Donato ! Ginevra ! victimes ! ferez-vous

Grâce à votre bourreau, quand Dieu nous prendra tous?

Oh ! frapper sa poitrine, à genoux sur la pierre,

Pleurer, se repentir, vivre l'âme en prière,

Cela ne suffit pas. Rien ne m'a pardonné !

Non ! je me sais maudit, et je me sens damné !

Il se rassied.

J'avais des descendants et j'avais des ancêtres ;

Mon burg est mort; mon fils est vieux; ses fils sont traîtres;

Mon dernier né! — je l'ai perdu! — dernier trésor!
Otbert et Régina, ceux que j'aimais encor,
— Car l'âme aime toujours, parce qu'elle est divine, —
Sont dispersés sans doute au vent de ma ruine.
Je viens de les chercher, tous deux ont disparu.
C'est trop! mourons!

Il tire un poignard de sa ceinture.

                    Ici, mon cœur l'a toujours cru,
Quelqu'un m'entend.

Se tournant vers les profondeurs du souterrain.

                    Eh bien! je t'adjure à cette heure,
Pardonne, ô Donato! grâce avant que je meure!
Job n'est plus. Fosco reste. Oh! grâce pour Fosco!

UNE VOIX, dans l'ombre.
Faiblement, comme un murmure.

Caïn!

JOB, troublé.

On a parlé, je crois? — Non, c'est l'écho.
Si quelqu'un me parlait, ce serait de la tombe.
Car le moyen d'entrer dans cette catacombe,
Ce corridor secret où jamais jour n'a lui,
Aucun vivant, hors moi, ne le sait aujourd'hui,

Ceux qui l'ont su, depuis plus de soixante années,
Sont morts.

Il fait un pas vers le fond du théâtre.

Mes mains vers toi sont jointes et tournées,
Martyr! grâce à Fosco!

LA VOIX.

Caïn!

JOB, se redressant debout, épouvanté.

C'est étonnant!
On a parlé, c'est sûr! Eh bien donc, maintenant,
Ombre! qui que tu sois, fantôme! je t'implore!
Frappe! Je veux mourir plutôt qu'entendre encore
L'écho, l'horrible écho de ce noir souterrain,
Lorsque je dis Fosco, me répondre...

LA VOIX.

Caïn!

S'affaiblissant comme si elle se perdait dans les profondeurs.

Caïn! Caïn!

JOB.

Grand Dieu! grand Dieu! mon genou plie.

9

Je rêve... — La douleur, se changeant en folie,

Finit par enivrer comme un vin de l'enfer.

Oh! du remords en moi j'entends le rire amer.

Oui, c'est un songe affreux qui me suit et m'accable,

Et devient plus difforme en ce lieu redoutable.

O sombre voix qui sort du tombeau! me voici.

A quelle question dois-je répondre ici?

Quelle explication veux-tu? Sans m'y soustraire,

Parle, je répondrai !

Une femme voilée, vêtue de noir, une lampe à la main, apparaît au fond du théâtre. Elle sort de derrière le pilier de gauche.

SCÈNE DEUXIÈME.

JOB, GUANHUMARA.

GUANHUMARA, voilée.

Qu'as-tu fait de ton frère?

JOB, avec terreur.

Qu'est-ce que cette femme?

GUANHUMARA.

Une esclave là-haut,
Mais une reine ici. Comte, à chacun son lot.
Tu sais, ce burg est double, et ses tours colossales
Ont plus d'une caverne au-dessous de leurs salles.
Tout ce que le soleil éclaire est sous ta loi;
Tout ce que remplit l'ombre, ô burgrave, est à moi!

Elle marche lentement à lui.

Je te tiens, tu ne peux m'échapper.

9.

JOB.

Qu'es-tu, femme?

GUANHUMARA.

Je vais te raconter une action infâme.

C'était... — voilà long-temps! beaucoup depuis sont morts.

Ceux qui comptent cent ans avaient trente ans alors.

Elle montre un coin du caveau.

Deux amants étaient là. Regarde cette chambre.

C'était, comme à présent, une nuit de septembre.

Un froid rayon de lune, entrant au bouge obscur,

Découpait un linceul sur la blancheur du mur...

Elle se retourne et lui montre le mur éclairé par la lune.

[illegible]

JOB.

Grâce!

Assez!

GUANHUMARA.

Tu sais l'histoire? Eh bien, Fosco! la place

Où Donato tomba poignardé...

Elle montre le banc de pierre.

la voici. —

Le bras qui poignarda...

Elle saisit le bras droit de Job.

le voilà.

JOB.

Frappe aussi,

Mais tais-toi!

GUANHUMARA.

L'on jeta...

Elle l'entraîne rudement vers la fenêtre.

— viens! — par cette fenêtre,
Sfrondati, l'écuyer, et Donato, son maître;
Et pour faire passer leurs corps,

Elle lui montre les trois barreaux rompus.

l'un des bourreaux
Avec sa main d'acier brisa ces trois barreaux.

Elle lui saisit la main de nouveau.

Cette main, aujourd'hui roseau, la voilà, comte!

JOB.

Grâce!

GUANHUMARA.

Quelqu'un aussi demandait grâce. O honte!
Une femme tordant ses bras, criant merci!

L'assassin en riant la fit lier...

Désignant du pied une dalle.

ici !

Puis lui-même il lui mit au pied l'anneau d'esclave.
Le voici.

Elle soulève sa robe et lui montre l'anneau rivé à son pied nu.

JOB.

Ginevra !

GUANHUMARA.

Front mort, main froide, œil cave.
Oui, mon nom est charmant en Corse, Ginevra !
Ces durs pays du nord en font Guanhumara.
L'âge, cet autre nord, qui nous glace et nous ride,
De la fille aux doux yeux fait un spectre livide.

Elle lève son voile et montre à Job son visage décharné et lugubre.

Tu vas mourir.

JOB.

Merci !

GUANHUMARA.

Vieillard, attends avant

De me remercier. — Ton fils George est vivant.

JOB.

Ciel ! que dis-tu ?

GUANHUMARA.

C'est moi qui te l'ai pris.

JOB.

Par grâce !

GUANHUMARA.

Il avait ce collier au cou.

Elle tire de sa poitrine et lui jette un petit collier d'enfant, en or et en perles, qu'il ramasse et couvre de baisers. Puis il tombe à ses genoux.

JOB.

Pitié ! j'embrasse

Tes pieds ! Fais-le-moi voir !

GUANHUMARA.

Tu vas le voir aussi.

C'est lui qui va venir te poignarder ici.

JOB, *se relevant avec horreur.*

Dieu ! — Mais en as-tu fait un monstre en ta colère,

Pour croire qu'un enfant voudra tuer son père?

GUANHUMARA.

C'est Otbert!

JOB , *joignant les mains vers le ciel.*

Sois béni ! mon Dieu ! Je le rêvais.
Mais en lui tout est noble, il n'a rien de mauvais ;
Tu comptes follement sur mon Otbert...

GUANHUMARA.

Écoute.
Tu marchais au soleil, j'ai fait la nuit ma route.
Tu ne m'as pas senti m'avancer en rampant.
—Éveille-toi, Fosco, dans les plis du serpent !—
Tandis que l'empereur t'occupait tout à l'heure,
J'étais chez Régina, j'étais dans ta demeure ;
Elle a bu, grâce à moi, d'un philtre tout-puissant ;
J'étais seule avec elle... —et regarde à présent !—

Entrent par le fond de la galerie à droite deux hommes masqués, vêtus de noir et portant un cercueil couvert d'un drap noir, qui traversent lentement le fond du théâtre. Job court vers eux. Ils s'arrêtent.

JOB.

Un cercueil

Job écarte le drap noir avec épouvante. Les hommes masqués le laissent faire. Le comte lève le suaire et voit une figure pâle. C'est Régina.

Régina!

A Guanhumara.

Monstre, tu l'as tuée.

GUANHUMARA.

Pas encore. A ces jeux je suis habituée.
Elle est morte pour tous; pour moi, comte, elle dort.
Si je veux...

Elle fait le geste de la résurrection.

JOB.

Que veux-tu pour l'éveiller?

GUANHUMARA.

Ta mort.

Otbert le sait. C'est lui qui choisira.

Elle étend sa main droite sur le cercueil.

Je jure,

Par l'éternel ennui que nous laisse l'injure,
Par la Corse au ciel d'or, au soleil dévorant,
Par le squelette froid qui dort dans le torrent,
Par ce mur qui du sang but la trace livide,

Que ce cercueil d'ici ne sortira pas vide!

Les deux hommes porteurs de cercueil se remettent en marche et
disparaissent du côté opposé à celui par lequel ils sont entrés.

A Job.

Qu'il choisisse, elle ou toi!— Si tu veux fuir loin d'eux,
Fuis! Otbert, Régina mourront alors tous deux.
Ils sont en mon pouvoir.

JOB, se cachant le visage de ses mains.

Horreur!

GUANHUMARA.

Laisse-toi faire,

Meurs! Régina vivra!

JOB.

Voyons! une prière!

Mourir n'est rien. Prends-moi, prends mes jours, prends mon s
Mais ne fais pas commettre un crime à l'innocent.
Femme, contente-toi d'une seule victime.
Un monde étrange à moi se révèle. Mon crime
A fait germer ici dans l'ombre, sous ces monts,
Un enfer, dont je vois remuer les démons,
Hideux nid de serpents, né des gouttes fatales

Qui de mon poignard nu tombèrent sur ces dalles !
Le meurtre est un semeur qui récolte le mal ;
Je le sais. — Tu m'as pris dans un cercle infernal.
Que te faut-il de plus ? ne suis-je pas ta proie ?
C'est juste, tu fais bien, je t'accueille avec joie,
Moi, maudit dans mes fils, maudit dans mes neveux !
Mais épargne l'enfant ! le dernier ! — Quoi ! tu veux
Qu'il entre ici pur, noble et sans tache, et qu'il sorte
Marqué du signe affreux que moi, Caïn, je porte !
— Ginevra, puisqu'enfin vous avez cru devoir
Me le prendre, à moi vieux dont il était l'espoir,
A moi qui du tombeau sentais déjà l'approche,
— Je ne veux point ici vous faire de reproche, —
Enfin, vous l'avez pris et gardé près de vous,
Sans le faire souffrir, ce pauvre enfant si doux,
N'est-ce pas ? Vous avez, ô bonheur que j'envie !
Vu s'ouvrir son œil d'aigle interrogeant la vie,
Et son beau front chercher votre sein réchauffant,
Et naître sa jeune âme !... — Eh bien, c'est votre enfant !
Votre enfant comme à moi ! Vraiment, je vous le jure ! —
Oh ! j'ai déjà souffert beaucoup, je vous assure.
Je suis puni ! — Le jour où l'on vint m'annoncer
Que George était perdu, qu'on avait vu passer

Quelqu'un qui l'emportait,... je me crus en délire.
—Je n'exagère pas, on a pu vous le dire. —
J'ai crié ce seul mot : Mon enfant enlevé!
Figurez-vous, je suis tombé sur le pavé!
—Pauvre enfant!—Quand j'y pense!—il courait dans les ros
Il jouait! —N'est-ce pas, ce sont là de ces choses
Qui torturent? jugez si j'ai souffert.—Eh bien!
Ne fais pas un forfait plus affreux que le mien!
Ne souille pas cette âme encor pure et divine!
Oh! si tu sens un cœur battre dans ta poitrine!...

GUANHUMARA.

Un cœur? Je n'en ai plus. Tu me l'as arraché.

JOB.

Oui, je veux bien mourir, dans ce tombeau couché,
— Pas de sa main!—

GUANHUMARA.

Le frère ici tua le frère,
Le fils ici tùra le père.

JOB, à genoux, les mains jointes, se traînant aux pieds de Guanhumara.

A ma misère

Accorde une autre mort. Je t'en prie!

GUANHUMARA.

Ah! maudit!

Je te priais aussi, je te l'ai déjà dit,
A genoux, le sein nu, folle et désespérée.
Te souviens-tu qu'enfin, me levant égarée,
Je criai : — Je suis corse! — et je te menaçai?
Alors, tout en jetant ta victime au fossé,
Me repoussant du pied avec un rire étrange,
Tu me dis: Venge-toi si tu peux!—Je me venge!

JOB, toujours à genoux.

Mon fils ne t'a rien fait! Grâce! Je pleure... Voi!
Songe que je t'aimais! j'étais jaloux!

GUANHUMARA.

Tais-toi !

Levant les yeux au ciel.

C'est une chose impie entre tant d'autres crimes
Que le couple effrayant, perdu dans les abîmes,
Qui parle en ce tombeau d'épouvante entouré,
Ose encor prononcer, amour, ton nom sacré!

A Job..

Eh bien! j'aimais aussi, moi, dont le cœur est vide!

Rends-moi mon Donato ! rends-le moi, fratricide !

JOB, se levant avec une résignation sombre.

Otbert sait-il qu'il doit tuer son père ?

GUANHUMARA.

Non.

Pour sauver Régina, sans savoir ton vrai nom,
Il frappera dans l'ombre.

JOB.

Otbert ! nuit lamentable !

GUANHUMARA.

Il sait, comme un bourreau, qu'il punit un coupable.
Rien de plus. — Meurs voilé, tais-toi, ne parle pas,
Si tu veux, j'y consens.

Elle détache son voile noir et le lui jette.

JOB, saisissant le voile.

Merci !

GUANHUMARA.

J'entends un pas.

Recommande ton âme à Dieu. — C'est lui. — Je rentre.

J'entendrai tout. Je tiens Régina dans mon antre.

Hâtez-vous d'en finir tous les deux.

Elle sort par le fond à gauche, du côté où ont disparu les porteurs du cercueil.

JOB, tombant à genoux près du banc de pierre.

Juste Dieu !

Il se couvre la tête du voile noir et demeure agenouillé, immobile, dans l'attitude de la prière. Entre par la galerie à droite un homme vêtu de noir et masqué comme les deux précédents, portant une torche. Il fait signe d'entrer à quelqu'un qui le suit. C'est Otbert. Otbert, pâle, égaré, éperdu. Au moment où Otbert entre, et pendant qu'il parle, Job ne fait pas un mouvement. Dès qu'Otbert est entré, l'homme masqué disparaît.

SCÈNE TROISIÈME.

JOB, OTBERT.

OTBERT.

Où m'avez-vous conduit? Quel est ce sombre lieu?

Regardant autour de lui.

Mais quoi! l'homme masqué n'est plus là? Ciel! où suis-je?
Serait-ce ici? — Déjà! — Je frissonne! Un vertige
Me prend.

Apercevant Job.

Que vois-je là dans l'ombre? Oh! rien; souvent

Il se dirige vers Job dans les ténèbres.

La nuit nous trompe...

Il pose sa main sur la tête de Job.

Dieu! c'est un être vivant!

Job demeure immobile.

Ciel! je me sens glacé par la sueur du crime.

Est-ce ici l'échafaud? Est-ce là la victime? —

Triste Fosco, qu'il faut que je frappe aujourd'hui,

Est-ce vous? répondez?...—Il ne dit rien, c'est lui!

—Oh! qui que vous soyez, parlez-moi, je m'abhorre,

Je ne vous en veux pas, j'ignore tout, j'ignore

Pourquoi vous demeurez immobile, et pourquoi

Vous ne vous dressez pas terrible devant moi !

Je vous suis inconnu comme pour moi vous l'êtes.

Mais sentez-vous qu'au moins mes mains n'étaient pas faites

Pour cela? Sentez-vous que je suis l'instrument

D'une affreuse vengeance et d'un noir châtiment?

Savez-vous qu'un linceul qui traîne en ces ténèbres

Embarrasse mes pieds, pris dans ses plis funèbres?

Dites, connaissez-vous Régina, mon amour,

Cet ange dont le front dans mon cœur fait le jour?

Elle est là, voyez-vous, d'un suaire vêtue,

Morte si je faiblis, vivante si je tue!

— Ayez pitié de moi, vieillard! — Oh! parlez-moi!

Dites que vous voyez mon trouble et mon effroi,

Que vous me pardonnez votre horrible martyre!

Oh! que j'entende au moins votre voix me le dire!

Un seul mot de pardon, vieillard! mon cœur se fend!

Rien qu'un seul mot !

JOB, se levant et jetant son voile.

Otbert ! mon Otbert ! mon enfant !

OTBERT.

Sire Job !

JOB, le prenant dans ses bras avec emportement.

Non, vers lui tout mon être s'élance !
C'est trop me torturer par cet affreux silence !
Je ne suis qu'un vieillard, faible, en pleurs, terrassé.
Je ne peux pas mourir sans l'avoir embrassé !
Viens sur mon cœur !

Il couvre le visage d'Otbert de larmes et de baisers.

Enfant, laisse, que je te voie.
Tu ne le croirais pas, quoique j'aie eu la joie
De te voir tous les jours depuis plus de six mois,
Je ne t'ai pas bien vu...

Il le regarde avec des yeux enivrés.

C'est la première fois !
—Un jeune homme, à vingt ans, que c'est beau !—que je baise
Ton front pur ! Laisse-moi te contempler à l'aise !

— Tu parlais tout à l'heure, et moi, je me taisais. —
Tu ne sais pas toi-même à quel point tu disais
Des choses qui m'allaient remuer les entrailles.
Otbert, tu trouveras pendue à mes murailles
Ma grande épée à main ; je te la donne, enfant !
Mon casque, mon pennon, tant de fois triomphant,
Sont à toi. Je voudrais que tu puisses toi-même
Lire au fond de mon cœur pour voir combien je t'aime !
Je te bénis ! — Mon Dieu, donnez-lui tous vos biens,
De longs jours comme à moi, moins sombres que les miens !
Faites qu'il ait un sort calme, illustre et prospère ;
Et que des fils nombreux, pieux comme leur père,
Soutiennent, pleins d'amour, ses pas fiers et tremblants,
Quand ces beaux cheveux noirs seront des cheveux blancs !

OTBERT.

Monseigneur !

JOB, lui imposant les mains.

Je bénis cet enfant, cieux et terre,
Dans tout ce qu'il a fait, dans tout ce qu'il doit faire !
Sois heureux ! — Maintenant, Otbert, écoute et voi,

10.

Vois, je ne suis plus père, et je ne suis plus roi ;
Ma famille est captive et ma tour est tombée ;
J'ai dû livrer mes fils ; j'ai, la tête courbée,
Dû sauver l'Allemagne ; oui,—mais je dois mourir.
Or, ma main tremble. Il faut m'aider, me secourir...

Il tire du fourreau le poignard qu'Otbert porte à sa ceinture et le lui
présente.

C'est de toi que j'attends ce service suprême.

OTBERT , épouvanté.

De moi ! mais savez-vous que je cherche, ici même,
Quelqu'un...

JOB.

Fosco ? c'est moi.

OTBERT.

Vous !

Reculant et promenant ses yeux dans l'ombre autour de lui.

Qui que vous soyez !
Spectres qui m'entourez, démons qui nous voyez,
C'est lui ! c'est le vieillard que j'honore et que j'aime !

Prenez pitié de nous dans ce moment suprême !
—Tout se tait ! — Oh! mon Dieu ! c'est Job ! comble d'effroi !

Avec désespoir et solennité.

Jamais je ne pourrai lever la main sur toi,
O vieillard ! demi-dieu du Rhin ! tête sacrée !

JOB.

Mon Otbert, du sépulcre aplanis-moi l'entrée.
Faut-il te dire tout? Je suis un criminel.
Ton épouse en ce monde et ta sœur dans le ciel,
Elle est là! Régina! pâle, glacée et belle.
Celle à qui tu promis de faire tout pour elle,
De la sauver toujours, car l'amour est vertu,
Quand tu devrais, au seuil du tombeau, disais-tu,
Rencontrer le démon ouvrant l'abîme en flamme,
Et lui payer cet ange en lui livrant ton âme !
La mort la tient! La mort lève son bras maudit
Dont l'ombre à chaque instant autour d'elle grandit !
Sauve-la !

OTBERT, *égaré.*

Vous croyez qu'il faut que je la sauve?

JOB.

Peux-tu donc hésiter? D'un côté, moi, front chauve,
Vieux damné , qu'à finir tout semble convier,
Moins héros que brigand, moins aigle qu'épervier,
Moi, dont souvent la vie impure et sanguinaire
A fait aux pieds de Dieu murmurer le tonnerre!
Moi, vieillesse, ennui, crime! et, de l'autre côté,
Innocence, vertu, jeunesse, amour, beauté!
Une femme qui t'aime! une enfant qui t'implore!
O l'insensé qui doute et qui balance encore
Entre un haillon souillé, sans pourpre et sans honneur,
Et la robe de lin d'un ange du Seigneur!
—Elle veut vivre, et moi mourir!—Quoi! tu balances
Quand tu peux d'un seul coup faire deux délivrances!
Si tu nous aimes!...

OTBERT.

Dieu!

JOB.

Délivre-nous tous deux!
Frappe!—Pour le guérir d'un ulcère hideux,

Saint Sigismond tua Boleslas. Qui l'en blâme ?
Mon Otbert ! le remords, c'est l'ulcère de l'âme.
Guéris-moi du remords !

OTBERT, prenant le couteau

Eh bien !

Il s'arrête.

JOB.

Qui te retient ?

OTBERT, remettant le poignard au fourreau

Savez-vous une idée affreuse qui me vient ? —
Vous eûtes un enfant qu'une femme bohême
Vola. —Vous l'avez dit ce matin. —Mais, moi-même,
Une femme me prit tout enfant. Nous voyons
Se faire en ce temps-ci d'étranges actions !
— Si j'étais cet enfant ? Si vous étiez mon père ?

JOB.

A part.

Dieu !

Haut.

La douleur, Otbert, t'égare et t'exaspère.

Tu n'es pas cet enfant! Je te le dis!

OTBERT.

Pourtant,
Souvent vous m'appelez mon fils!

JOB.

Je t'aime tant!
C'est l'habitude; et puis, c'est le mot le plus tendre.

OTBERT.

Je sens là quelque chose...

JOB.

Oh! non!

OTBERT.

Je crois entendre
Une voix qui me dit...

JOB.

C'est une voix qui ment.

OTBERT.

Monseigneur! monseigneur! si j'étais votre enfant!

JOB.

Mais ne va pas au moins croire cela, par grâce !
J'eus la preuve...—O mon Dieu ! que faut-il que je fasse !—
Que des juifs ont tué l'enfant dans un festin.
Son cadavre me fut rapporté. Ce matin
Je te l'ai dit.

OTBERT.

Non.

JOB.

Si ! Rappelle ta mémoire.
Non, tu n'es pas mon fils, Otbert ! tu dois m'en croire.
Sans les preuves que j'ai, c'est vrai, je conviens, moi,
Que l'idée aurait pu m'en venir comme à toi !
—Certe ! un enfant que vole une main inconnue...—
Je suis même content qu'elle te soit venue
Pour pouvoir à jamais l'arracher de ton cœur !
Si, quand je serai mort, quelqu'un, quelque imposteur,
Te disait, pour troubler la paix de ta pauvre âme,
Que Job était ton père... Oh ! ce serait infâme !
N'en crois rien ! Tu n'es pas mon fils ! non, mon Otbert !

Vois-tu, quand on est vieux, le souvenir se perd ;
Mais la nuit du sabbat, tu le sais, on égorge
Un enfant. C'est ainsi qu'on a tué mon George.
Des juifs. J'en eus la preuve. Otbert ! rassure-toi,
Sois tranquille, mon fils!...—Eh bien, encore! Voi,
Je t'appelle mon fils. Tu vois bien. L'habitude !—
Mon Dieu! crois-moi, la lutte à mon àge est bien rude,
Ne garde pas de doute, obéis-moi sans peur !
Vois, je baise ton front, je presse sur mon cœur
Ta main qui va frapper et qui restera pure!
Toi, mon fils !—Ne fais pas ce rêve !—Je te jure...
—Mais voyons, réfléchis, toi qui penses beaucoup,
Toi qui trouves toujours le côté vrai de tout,
Je me prêterais donc à ce mystère horrible?
Il faudrait supposer...—Est-ce que c'est possible?
—Enfin, j'en suis bien sûr, puisque je te le dis !—
Otbert, mon bien-aimé, non, tu n'es pas mon fils!

LA VOIX dans l'ombre.

Régina ne peut plus attendre qu'un quart d'heure.

OTBERT.

Régina!

JOB.

Malheureux ! tu veux donc qu'elle meure ?

OTBERT.

Dieu puissant ! Aussi, moi, mon Dieu ! j'ai trop lutté !
Je me sens ivre et fou ! dans ce lieu détesté,
Où les crimes anciens aux nouveaux se confrontent,
Les miasmes du meurtre à la tête me montent !
L'air qu'ici l'on respire est un air malfaisant.

Égaré.

Est-ce que ce vieux mur veut boire encor du sang ?

JOB, lui remettant le couteau dans la main.

Oui !

OTBERT.

Ne me poussez pas !

JOB.

Viens !

OTBERT.

Je glisse à l'abîme !

Je ne me retiens plus qu'à peine aux bords du crime.
Je sens qu'en ce moment je puis faire un grand pas,
Faire une chose horrible!... — Oh! ne me poussez pas!

JOB.

Donc sauve l'innocent et punis le coupable!

OTBERT, prenant le couteau.

Mais ne voyez-vous pas que j'en serais capable?
Savez-vous que je n'ai qu'à demi ma raison?
Qu'ils m'ont fait boire là je ne sais quel poison,
Eux, ces spectres masqués, pour me rendre la force?
Que ce poison m'a mis au cœur une âme corse?
Que je sens Régina qui se meurt? et qu'enfin
La louve est là dans l'ombre, et la tigresse a faim!

JOB.

Il est temps! Il est temps que mon crime s'expie.
Donato m'implorait ici. Je fus impie.
Otbert, sois sans pitié comme je fus sans cœur!
Je suis le vieux Satan, sois l'archange vainqueur!

OTBERT, levant le couteau.

De ma main, malgré moi, Dieu! le meurtre s'échappe!

JOB, à genoux devant lui.

Vois quel monstre je suis! Je le poignardai! Frappe!
Je le tuai! c'était mon frère!

Othert, comme fou et hors de lui, lève le couteau. Il va frapper. Quelqu'un lui
arrête le bras. Il se retourne et reconnaît l'empereur.

SCÈNE QUATRIÈME.

Les mêmes, L'EMPEREUR, puis GUANHUMARA,
puis REGINA.

L'EMPEREUR.

C'était moi.

*Otbert laisse tomber le poignard. Job se lève et considère l'empereur.
Guanhumara avance la tête derrière le pilier de gauche et regarde.*

JOB, à l'empereur.

Vous !

OTBERT.

L'empereur !

L'EMPEREUR, à Job.

Le duc, notre père et ton roi,

M'avait caché chez toi. Dans quel but ? Je l'ignore.

JOB.

Vous, mon frère !

L'EMPEREUR.

Sanglant, mais respirant encore,
Tu me tins suspendu hors des barreaux de fer,
Et tu me dis : A toi la tombe ! à moi l'enfer !
Seul, j'entendis ces mots prononcés sur l'abime.
Puis je tombai.

JOB, joignant les mains.

C'est vrai ! Le ciel trompa mon crime !

L'EMPEREUR.

Des pâtres m'ont sauvé.

JOB, tombant aux pieds de l'empereur.

Je suis à tes genoux !
Punis-moi ! Venge-toi !

L'EMPEREUR.

Mon frère ! embrassons-nous !

Qu'a-t-on de mieux à faire aux portes de la tombe ?
Je te pardonne !

Il le relève et l'embrasse.

JOB.

O Dieu puissant !

GUANHUMARA, faisant un pas.

      Le poignard tombe ;
Donato vit ! je puis expirer à ses pieds.
Reprenez tous ici tout ce que vous aimiez,
Tout ce qu'avait saisi ma main froide et jalouse,

A Job.

Toi, ton fils George !

A Otbert.

     Et toi, Régina, ton épouse !

Elle fait un signe. Régina, vêtue de blanc, apparaît au fond de la galerie à
gauche, chancelante, soutenue par les deux hommes masqués et comme
éblouie. Elle aperçoit Otbert et vient tomber dans ses bras avec un grand
cri.

RÉGINA.

Ciel !

Otbert, Régina et Job se tiennent éperdument embrassés.

OTBERT.

Régina ! mon père !

JOB, *les yeux au ciel.*

O Dieu !

GUANHUMARA , *au fond du théâtre.*

Moi, je mourrai !

Sépulcre, reprends-moi !

Elle porte une fiole à ses lèvres. L'empereur va vivement à elle.

L'EMPEREUR.

Que fais-tu ?

GUANHUMARA.

J'ai juré
Que ce cercueil d'ici ne sortirait pas vide.

L'EMPEREUR.

Ginevra !

GUANHUMARA, tombant aux pieds de l'empereur.

Donato ! ce poison est rapide...
Adieu !

Elle meurt.

L'EMPEREUR, se relevant.

Je pars aussi ! — Job, règne sur le Rhin !

JOB.

Restez, sire !

L'EMPEREUR.

Je lègue au monde un souverain.
Tout à l'heure là-haut le héraut de l'empire
Vient d'annoncer qu'enfin les princes ont à Spire
Élu mon petit-fils Frédéric, empereur.
C'est un vrai sage, pur de haine, exempt d'erreur.
Je lui laisse le trône et rentre aux solitudes.
Adieu! Vivez, régnez, souffrez. Les temps sont rudes!
Job, avant de mourir courbé devant la croix,

J'ai voulu seulement, une dernière fois,
Étendre cette main suprême et tutélaire
Comme roi sur mon peuple, et sur toi comme frère.
Quel qu'ait été le sort, quand l'heure va sonner,
Heureux qui peut bénir !

Tous tombent à genoux sous la bénédiction de l'empereur.

JOB , *lui prenant la main et la baisant.*

Grand qui sait pardonner !

FIN DE LA TROISIÈME PARTIE.

11.

LE POÈTE.

Suis Barberousse, ô Job! Frères, allez tout seuls.
De vos manteaux de rois faites-vous deux linceuls.
Ensemble, l'un sur l'autre appuyant votre marche,
De la vieille Allemagne emportez tous deux l'arche!
O colosses! le monde est trop petit pour vous.
Toi solitude, aux bruits profonds, tristes et doux,
Laisse les deux géants s'enfoncer dans ton ombre!
Et que toute la terre, en ta nuit calme et sombre,
Regarde avec respect, et presque avec terreur,
Entrer le grand burgrave et le grand empereur!

NOTES.

NOTES.

I

La scène des esclaves, qui forme l'exposition de cet ouvrage, ne contient pas, il est aisé de s'en convaincre à la lecture, un détail qui ne soit essentiel. Cependant, à la représentation, quelques abréviations peuvent, dans les premiers temps du moins, sembler utiles. Nous croyons donc devoir donner ici, pour ceux de MM. les directeurs de province qui voudraient monter *les Burgraves*, la scène des esclaves telle qu'elle est jouée au Théâtre-Français :

SCÈNE DEUXIÈME.

LES ESCLAVES.

Haquin et Jossius entrent ensemble, et semblent continuer une conversation déjà commencée. Les autres les suivent à pas lents.

JOSSIUS.

C'est dans ces guerres-là que Barberousse un jour,
Masqué, mais couronné, seul au pied d'une tour,
Lutta contre un bandit qui, forcé dans son bouge,
Lui brûla le bras droit d'un trèfle de fer rouge,
Si bien que l'empereur dit au comte d'Arau :
Je le lui ferai rendre, ami, par le bourreau.

HAQUIN.

Cet homme fut-il pris ?

JOSSIUS.

Non, il se fit passage.
Sa visière empêcha qu'on ne vît son visage.

Ils passent.

TEUDON, sur le devant du théâtre.

C'est l'heure du repas, enfin ! Oh ! je suis las.

KUNZ, agitant sa chaîne.

Quoi ! j'étais libre et riche, et maintenant...

GONDICARIUS , adossé à un pilier.

Hélas !

CYNULFUS, à Swan, montrant Guanhumara.

Je voudrais bien savoir qui cette femme épie.

SWAN..

L'autre mois, par les gens du burg, engeance impie,
Elle fut prise avec des marchands de Saint-Gall.
Je ne sais rien de plus.

CYNULFUS.

Oh! cela m'est égal ;
Mais, tandis qu'on nous lie, on la laisse libre, elle.

SWAN.

Elle a guéri Hatto d'une fièvre mortelle ,
L'aîné des petits-fils.

HAQUIN.

Le burgrave Rollon ,
L'autre jour fut mordu d'un serpent au talon.
Elle l'a guéri.

CYNULFUS.

Vrai ?

HAQUIN.

Je crois, sur ma parole ,
Que c'est une sorcière.

HERMANN.

Ah , bah ! c'est une folle.

SWAN.

Elle a mille secrets ; elle a guéri, ma foi !
Non-seulement Rollon et Hatto, mais Éloi,
Knud , Azzo, ces lépreux que fuyait tout le monde.

TEUDON , assis sur les degrés du vieux donjon.

Cette femme travaille à quelque œuvre profonde ;
Elle a, soyez-en sûrs, de noirs projets noués
Avec ces trois lépreux qui lui sont dévoués.
Partout, dans tous les coins , ensemble on les retrouve ;
Ce sont comme trois chiens qui suivent cette louve.

HAQUIN.

Hier, au cimetière, au logis des lépreux,
Ils étaient tous les quatre , et travaillaient entre eux.
Eux faisaient un cercueil et clouaient sur des planches ;
Elle agitait un vase en relevant ses manches,
Chantait bas , comme on chante aux enfants qu'on endort,
Et composait un philtre avec des os de mort.

KUNZ.

Ici, dans les caveaux , ils ont quelque cachette,
J'ai vu les trois lépreux et la vieille sachette
S'enfoncer sous un mur près du Caveau Perdu ;
J'en suis sûr.

HERMANN.

Ces lépreux servent, et c'est bien dû ,
Celle qui les guérit. Rien de plus simple, en somme.

SWAN.

Mais au lieu des lépreux, de Hatto, méchant homme,
Kunz, celle qu'il faudrait guérir dans ce château,
C'est cette douce enfant fiancée à Hatto,

La nièce du vieux Job.

KUNZ.

Régina. Dieu l'assiste !

Celle-là c'est un ange !

HERMANN.

Elle se meurt.

KUNZ.

C'est triste.

Oui, l'horreur pour Hatto, l'ennui, poids étouffant,
La tue. Elle s'en va chaque jour.

TEUDON.

Pauvre enfant !

Guanhumara reparaît au fond du théâtre, qu'elle traverse.

HAQUIN, la montrant.

Elle encor?

GONDICARIUS.

Maudit soit ce burg !

TEUDON.

Paix ! je te prie.

GONDICARIUS.

Mais jamais on ne vient dans cette galerie.
Nos maîtres sont en fête, et nous sommes loin d'eux ;
On ne peut nous entendre.

TEUDON, désignant la porte du donjon.

Ils sont là tous les deux.

GONDICARIUS.

Qui?

TEUDON.

Les vieillards. Le père et le fils. Paix ! vous dis-je.
Excepté, —je le tiens de la nourrice Edwige,—
Madame Régina qui vient près d'eux prier,
Excepté cet Otbert, ce jeune aventurier,
Arrivé l'an passé, bien qu'encor fort novice,
Au château d'Heppenheff pour y prendre service,
Et que l'aïeul, puni dans sa postérité,
Aime pour sa jeunesse et pour sa loyauté,
Nul n'ouvre cette porte, et personne ici n'entre.
Le vieil homme de proie est là seul dans son antre.
Naguère au monde entier il jetait ses défis;
Vingt comtes et vingt ducs, ses fils, ses petits-fils,
Cinq générations dont la montagne est l'arche,
Entouraient comme un roi ce bandit patriarche.
Mais l'âge enfin le brise, il se tient à l'écart,
Il est là, seul, assis sous un dais de brocart.
Son fils, le vieux Magnus, debout, lui tient sa lance.
Durant des mois entiers il garde le silence;
Et la nuit on le voit entrer, pâle, accablé,
Dans un couloir secret dont seul il a la clé.
Où va-t-il?

SWAN.

Ce vieillard a des peines étranges.

HAQUIN.

Ses fils pèsent sur lui comme les mauvais anges.

KUNZ.

Ce n'est pas vainement qu'il est maudit.

GONDICARIUS.

Tant mieux !

SWAN.

Il eut un dernier fils étant déjà fort vieux.
Il aimait cet enfant. Dieu fit ainsi le monde :
Toujours la barbe grise aime la tête blonde.
A peine âgé d'un an, cet enfant fut volé.

KUNZ.

Par une égyptienne.

HAQUIN.

Au bord d'un champ de blé.

SWAN, à Kunz.

As-tu remarqué, fils, au bas de la tour ronde,
Au-dessus du torrent qui dans le ravin gronde,
Une fenêtre étroite, à pic sur les fossés,
Où l'on voit trois barreaux tordus et défoncés?

KUNZ.

C'est le Caveau Perdu ; j'en parlais tout à l'heure.

HAQUIN.

Un gîte sombre. — On dit qu'un fantôme y demeure.

HERMANN.

Bah !

CYNULFUS.

L'on dirait qu'au mur le sang jadis coula.

KUNZ.

Le certain, c'est que nul ne saurait entrer là.
Le secret de l'entrée est perdu. La fenêtre
Est tout ce qu'on en voit; nul vivant n'y pénètre.

SWAN.

Eh bien! le soir je vais à l'angle du rocher,

Et là, toutes les nuits, j'entends quelqu'un marcher.

KUNZ, avec une sorte d'effroi.

Êtes-vous sûr?

SWAN.

Très-sûr.

TEUDON.

Kunz, brisons là. — Nous taire
Serait prudent.

HAQUIN.

Ce burg est plein d'un noir mystère.
J'écoute tout ici, car tout me fait rêver.

TEUDON.

Parlons d'autre chose, hein? ce qui doit arriver,
Dieu seul le voit.

Il se retourne vers un groupe qui n'a pas encore pris part à ce qui se passe
sur le devant de la scène, et qui paraît fort attentif à ce que dit un jeune
étudiant.

Tiens, Karl, finis-nous ton histoire.

KARL.

Oui; mais n'oubliez pas que le fait est notoire;
Que c'est le mois dernier que l'aventure eut lieu,
Et qu'il s'est écoulé...

Cherchant dans sa mémoire.

près de vingt ans, pardieu!
Depuis que Barberousse est mort à la croisade.

HERMANN.

Soit. Ton Max était donc dans un lieu fort maussade.

KARL.

Un lieu lugubre, Hermann. Un endroit redouté.
Un essaim de corbeaux, sinistre, épouvanté,
Tourne éternellement autour de la montagne ;
Le soir, leurs cris affreux, lorsque l'ombre les gagne,
Font fuir jusqu'à Lautern le chasseur hasardeux.
Des gouttes d'eau du front de ce rocher hideux
Tombaient comme les pleurs d'un visage terrible ;
Une caverne sombre et d'une forme horrible
S'ouvrait dans le ravin. Le comte Max Edmond
Ne craignit pas d'entrer dans la nuit du vieux mont.
Il s'aventura donc sous ces grottes funèbres.
Il marchait. Un jour blême éclairait les ténèbres.
Soudain sous une voûte, au fond du souterrain,
Il vit, dans l'ombre, assis sur un fauteuil d'airain,
Les pieds enveloppés dans les plis de sa robe,
Ayant le sceptre à droite, à gauche ayant le globe,
Un vieillard effrayant, immobile, incliné,
Ceint du glaive, vêtu de pourpre, et couronné.
Sur une table faite avec un bloc de lave,
Cet homme s'accoudait. Bien que Max soit très-brave,
Et qu'il ait guerroyé sous Jean-le-Bataillard,
Il se sentit pâlir devant ce grand vieillard,
Presque enfoui sous l'herbe et le lierre et la mousse,
Car c'était l'empereur Frédéric Barberousse.
Il dormait. D'un sommeil farouche et surprenant.
Sa barbe d'or jadis, de neige maintenant
Se répandait à flots sur la table de pierre.
Ses longs cils blancs fermaient sa pesante paupière.
Un cœur percé saignait sur son écu vermeil.
Par moments, inquiet, à travers son sommeil,
Il portait vaguement sa main à son épée.

De quel rêve cette âme était-elle occupée ?
Dieu le sait !

HERMANN.

Est-ce tout ?

KARL.

Non , écoutez encor.
Aux pas du comte Max dans le noir corridor
L'homme s'est réveillé ; sa tête morne et chauve
S'est dressée ; et fixant sur Max un regard fauve,
Il a dit, en rouvrant ses yeux lourds et voilés :
Chevalier, les corbeaux se sont-ils envolés ?
Le comte Max Edmond a répondu : Non, sire.
A ce mot, le vieillard a laissé, sans rien dire,
Retomber son front pâle, et Max plein de terreur
A vu se rendormir le fantôme empereur.

HERMANN, éclatant de rire.

Le conte est beau.

HAQUIN , à Karl.

S'il faut croire la renommée,
Frédéric s'est noyé devant toute l'armée
Dans le Cydnus.

HERMANN.

C'est sûr.

KARL.

Cela ne prouve pas
Que son spectre n'est point dans le val du Malpas.

SWAN.

Moi, l'on m'a dit, — la fable est un champ sans limite ; —

Qu'échappé par miracle, il s'était fait ermite,
Et qu'il vivait encor.

GONDICARIUS.

Plût au ciel! et qu'il vînt
Délivrer l'Allemagne avant douze cent vingt!
Fatale année où doit, dit-on, crouler l'empire.

SWAN.

Déjà de toutes parts notre grandeur expire.

KUNZ.

Mais, hélas! Barberousse est mort, bien mort, Suénon.

SWAN, à Jossius.

A-t-on dans le Cydnus retrouvé son corps?

JOSSIUS.

Non.
Les flots l'ont emporté.

TEUDON.

Swan, as-tu connaissance
De la prédiction qu'on fit à sa naissance?
— Cet enfant, dont le monde un jour suivra les lois,
Deux fois sera cru mort et revivra deux fois. —
Or, la prédiction, qu'on raille ou qu'on oublie,
Une première fois semble s'être accomplie.

HERMANN.

Barberousse est l'objet de cent contes.

TEUDON.

Je dis
Ce que je sais. J'ai vu, vers l'an quatre-vingt-dix,

12.

A Prague, à l'hôpital, dans une casemate.
Un certain Sfrondati, gentilhomme dalmate,
Fort vieux, et qu'on disait privé de sa raison.
Cet homme racontait tout haut dans sa prison,
Qu'étant jeune, à cet âge ou tout hasard nous pousse,
Chez le duc Frédéric, père de Barberousse,
Il était écuyer. Le duc fut consterné
De la prédiction faite à son nouveau-né.
De plus, l'enfant croissait pour une double guerre :
Gibelin par son père et guelfe par sa mère,
Les deux partis pouvaient le réclamer un jour.
Le père l'éleva d'abord dans une tour,
Loin de tous les regards, et le tint invisible,
Comme pour le cacher au sort le plus possible.
Il chercha même encore un autre abri plus tard.
D'une fille très-noble il avait un bâtard,
Qui, né dans la montagne, ignorait que son père
Était duc de Souabe et comte de Bavière,
Et ne le connaissait que sous le nom d'Othon.
Le bon duc se cachait de ce fils-là, dit-on,
De peur que le bâtard ne voulût être prince,
Et d'un coin du duché se faire une province.
Le bâtard, par sa mère, avait, fort près du Rhin,
Un burg dont il était burgrave et suzerain,
Un château de bandit, un nid d'aigle, un repaire.
L'asile parut bon et sûr au pauvre père.
Il vint voir le burgrave, et, l'ayant embrassé,
Lui confia l'enfant sous un nom supposé ;
Lui disant seulement : Mon fils, voilà ton frère.
Puis il partit. — Au sort nul ne peut se soustraire. —
Certes, le duc croyait son fils et son secret
Bien gardés : car l'enfant lui-même s'ignorait.

Le jeune Barberousse ainsi recouvert d'ombre
Atteignit ses vingt ans; or, — ceci devient sombre, —
Un jour, dans un hallier, au pied d'un roc, au bord
D'un torrent qui baignait les murs d'un château-fort,
Des pâtres qui passaient trouvèrent à l'aurore
Deux corps sanglants et nus qui palpitaient encore.
Deux hommes poignardés dans le château sans bruit,
Puis jetés à l'abîme, au torrent, à la nuit;
Et qui n'étaient pas morts. — Un miracle, vous dis-je. —
Ces deux hommes que Dieu sauvait par un prodige,
C'était le Barberousse avec son compagnon,
Ce même Sfrondati, qui seul savait son nom.
On les guérit tous deux. Puis, dans un grand mystère,
Sfrondati ramena le jeune homme à son père,
Qui, pour paîment, fit mettre au cachot Sfrondati.
Le duc garda son fils, c'était le bon parti,
Et n'eut plus qu'une idée, étouffer cette affaire.
Jamais il ne revit son bâtard. Quand ce père
Sentit sa mort prochaine, il appela son fils,
Et lui fit à genoux baiser un crucifix.
Barberousse, incliné sur ce lit funéraire,
Jura de ne se point révéler à son frère,
Et de ne s'en venger, s'il était encor temps,
Que le jour où ce frère atteindrait ses cent ans.
— C'est-à-dire jamais. — Quoique Dieu soit le maître!
Si bien que le bâtard sera mort sans connaître
Que son père était duc, et son frère empereur.
Sfrondati pâlissait d'épouvante et d'horreur
Quand on voulait sonder ce secret de famille.
Les deux frères aimaient tous deux la même fille.
L'aîné se crut trahi, tua l'autre, et vendit
La fille à je ne sais quel horrible bandit,

Qui la liant au joug, sans pitié, comme un homme,
L'attelait aux bateaux qui vont d'Ostie à Rome.
Quel destin ! Sfrondati disait : C'est oublié !
Du reste, en son esprit tout s'était délié.
Rien ne surnageait plus dans la nuit de son âme,
Ni le nom du bâtard, ni le nom de la femme.
Il ne savait comment. Il ne pouvait dire où.
J'ai vu cet homme à Prague enfermé comme fou.
Il est mort maintenant.

HERMANN.

Tu conclus ?

TEUDON.

Je raisonne.
Si tous ces faits sont vrais, la prophétie est bonne.

KUNZ.

On m'a jadis conté ce conte. En ce château,
Frédéric Barberousse avait nom Donato ;
Le bâtard s'appelait Fosco ; quant à la belle,
Elle était corse, autant que je me le rappelle.
Les amants se cachaient dans un caveau discret,
Dont l'entrée inconnue était leur doux secret.
C'est là qu'un soir, Fosco, cœur jaloux, main hardie,
Les surprit, et finit l'idylle en tragédie.

GONDICARIUS.

Que Frédéric, du trône atteignant le sommet,
N'ait jamais recherché la femme qui l'aimait,
Cela me navrerait dans l'âme pour sa gloire
Si je croyais un mot de toute votre histoire.

TEUDON.

Il l'a cherchée, ami. De son bras souverain,
Trente ans il a fouillé les repaires du Rhin.
Le bâtard...

KUNZ.

Ce Fosco ?

TEUDON, continuant.

Pour servir en Bretagne,
Avait laissé son burg et quitté la montagne ;
Il n'y revint, dit-on, que fort long-temps après.
L'empereur investit les monts et les forêts,
Assiégea les châteaux, détruisit les burgraves,
Mais ne retrouva rien.

Entre le capitaine du burg, le fouet à la main.

LE CAPITAINE.

Allons ! c'est l'heure, esclaves.
Au travail ! hâtons-nous. Les convives ce soir
Vont venir visiter cette aile du manoir,
C'est monseigneur Hatto, le maître, qui les mène.
Qu'ils ne vous trouvent point ici traînant la chaîne !

II

Page 54.

C'est du vin d'écarlate.

Scarlachwein.

III

Page 111.

Haut le pont! bas la herse! armez les mangonneaux!

L'acteur fera sagement de dire : *armez les fauconneaux.*
On ne connaissait pas les fauconneaux au treizième siècle ;
mais qu'importe ! il y a encore dans le public, quoiqu'il
devienne de jour en jour plus sympathique et plus intelli-
gent, beaucoup de braves gens qui n'admettraient pas les
mangonneaux. Mangonneaux ! qu'est cela , je vous prie?
Mangonneaux ! voilà un mot bien ridicule et bien singulier !
Fauconneaux, à la bonne heure !

IV

On croit devoir indiquer ici aux théâtres de province de
quelle façon se disent à la représentation les vers qui ter-
minent la pièce :

GUANHUMARA , à l'empereur.

Adieu !

Elle meurt.

L'EMPEREUR , la soutenant dans ses bras, à Job.

Je pars aussi.

Il se relève.

Job , règne sur le Rhin.

JOB.

Restez, sire !

L'EMPEREUR.

Je lègue au monde un souverain,
Frédéric deux , mon fils, qu'on vient d'élire à Spire.

Jetant un regard douloureux à Guanhumara étendue à ses pieds.

Je rentre dans ma nuit, et lui laisse l'empire.

JOB.

Sire !...

L'EMPEREUR.

Avant de mourir, courbé devant la croix ,
J'ai voulu seulement, une dernière fois,
Étendre cette main suprême et tutélaire,
Comme roi sur mon peuple, et sur toi comme frère.
Quel qu'ait été le sort, quand l'heure va sonner ,
Heureux qui peut bénir !

Tous s'inclinent sous la bénédiction de l'empereur.

JOB , lui baisant les mains.

Grand qui sait pardonner !

V

Si l'auteur pouvait penser que ces notes tiendront une
place, si petite qu'elle soit , dans l'histoire littéraire de
notre temps , il leur donnerait des développements qui ne

seraient pas inutiles peut-être à l'art théâtral. Il explique-
rait, par exemple, dans tous ses détails, cette belle mise
en scène des *Burgraves*, qui a fait tant d'honneur à la
Comédie-Française. Jamais pièce n'a été montée avec
plus de soin et représentée avec plus d'ensemble. On a
remarqué avec quelle intelligence vive et adroite ont été
dites par tous la scène des esclaves et la scène des bur-
graves. M. Drouville s'est particulièrement distingué dans
le rôle de Hatto. Mesdemoiselles Brohan et Garique ont su,
à force de grâce et d'esprit, convertir en des figures animées
et vivantes les silhouettes à demi entrevues de Lupus et de
Gorlois. Mademoiselle Denain, qui a su rendre d'une ma-
nière si complète, et sous son double aspect, le rôle de
Régina, a été pleine de charme dans sa mélancolie et
pleine de charme dans sa joie.

M. Geffroy, qui, comme peintre et comme comédien, est
deux fois artiste et artiste éminent, a imprimé au person-
nage d'Otbert cette physionomie fatale que les poètes
comme Shakspeare savent rêver et que les acteurs comme
M. Geffroy savent réaliser.

Les trois vieillards, Job, Barberousse et Magnus, ont
été admirablement représentés par MM. Beauvallet, Li-
gier et Guyon. M. Guyon, qui est un artiste de haute
taille par l'intelligence comme par la stature, a puissam-
ment personnifié Magnus. Quand il apparaît au seuil du
donjon avec sa belle et noble tête, son habit de fer et sa
grande peau de loup sur les épaules, on croirait voir sortir
de l'église de Fribourg en Brisgau le vieux Berthold de

Zæhringen, ou de la collégiale de Francfort le formidable
Gunther de Schwarzbourg. M. Ligier, qui a reproduit avec
une si haute poésie la figure impériale de Barberousse, a
su dans ce rôle, qui restera comme une de ses plus belles
créations, être tour à tour simple et grand, paternel et
pensif, majestueux et formidable. Au deuxième acte, dans
son apostrophe aux burgraves, il soulève des acclamations
enthousiastes et unanimes. M. Beauvallet, qui a une grande
puissance parce qu'il a un grand talent, a déployé dans Job
toutes les nuances de son intelligence si riche, si étendue
et si complète. Il a été patriarche au premier acte, héros
au deuxième, père au dernier. M. Beauvallet a été partout
superbe et dramatique. Ajoutons qu'il y a dans le rôle de
Job, au deuxième acte, par exemple, des moments de bon-
homie et de familiarité que ce rare et excellent acteur a su
rendre avec une sorte de grâce sénile pleine de grandeur.
M. Beauvallet et M. Ligier, en représentant les deux frè-
res, se sont montrés frères par le talent et ont été frères
par le succès.

Pour exprimer le personnage de Guanhumara, il fallait
tout à la fois une composition savante et une inspiration
profonde. Madame Mélingue a eu ce double mérite au
degré le plus éminent. Imposante sous ses cheveux blancs,
magnifique sous ses haillons, pathétique, et on pourrait pres-
que dire intéressante dans sa haine, elle a réalisé mer-
veilleusement l'idéal de l'auteur, la statue qui marche et
qui regarde avec un regard de vipère. Madame Mélingue
n'a reculé devant aucune des difficultés de son rôle. Toute
jeune comme elle est, elle a pourtant pris hardiment et

franchement l'âge de Guanhumara; mais dans cette trans-
formation même, elle a su conserver les lignes les plus
sculpturales et les plus pures. En renonçant pour un mo-
ment à être jolie, elle a su rester belle.

TABLE.

TABLE.

L'INTENDANT.

Hélas! il fit bien plus;
Il leur distribua ce qu'il avait d'écus.
« Le Béarnais, dit-il, est mal en équipage,
« Et, s'il en avait plus, vous auriez davantage. »

TOUS ENSEMBLE.

Le bon roi! le grand roi!

L'INTENDANT.

Ce n'est pas tout; le pain
Manquait dans cette ville, on y mourait de faim;
Il la nourrit lui-même en l'assiégeant encore.

(Il tire son mouchoir et s'essuie les yeux.)

LE COURRIER.

Vous me faites pleurer.

MADAME AUBONNE.

Je l'aime!

BABET.

Je l'adore!

L'INTENDANT.

Je me souviens aussi qu'en un jour solennel
Un grave ambassadeur, je ne sais plus lequel;
Vit sa jeune noblesse, admise à l'audience,
L'entourer, le presser sans trop de bienséance,
« Pardonnez, dit le roi, ne vous étonnez pas;
« Ils me pressent de même au milieu des combats.

LE COURRIER.

Ça donne du désir d'entrer à son service.

BABET.

Oui, ça m'en donne aussi.

L'INTENDANT.

Qu'en dites-vous, nourrice

MADAME AUBONNE, (se remettant à l'ouvrage.)

Ah! j'ai bien d'autres soins.

L'INTENDANT.

Je prétends aujourd'hui

CHARLOT,

ou

LA COMTESSE DE GIVRY,

PIÈCE DRAMATIQUE,

Représentée sur le théâtre de Ferney, au mois de sept. 1767.

ACTE PREMIER.

SCÈNE PREMIÈRE.

(Le théâtre représente une grande salle où des domestiques
portent et ôtent des meubles. L'INTENDANT de la mai-

www.ingramcontent.com/pod-product-compliance
Ingram Content Group UK Ltd.
Pitfield, Milton Keynes, MK11 3LW, UK
UKHW021022140726
13695UKWH00001B/407